rororo aktuell Essay
Herausgegeben von Ingke Brodersen

Begründet von Freimut Duve

VÁCLAV HAVEL

Am Anfang war das Wort

Texte von 1969 bis 1990

Aus dem Tschechischen von Joachim Bruss

Rowohlt

29.–38. Tausend Dezember 1990

Originalausgabe
Veröffentlicht im Rowohlt Taschenbuch Verlag GmbH,
Reinbek bei Hamburg, April 1990
Copyright © 1990 by Rowohlt Taschenbuch Verlag GmbH,
Reinbek bei Hamburg
Copyright © Václav Havel, 1969, 1975, 1984, 1985, 1986, 1987, 1989, 1990
Alle Rechte vorbehalten
Umschlaggestaltung Büro Hamburg – Jürgen Kaffer / Peter Wippermann
(Foto: Rowohlt Theater Verlag)
Vilém Prečan hat an der Zusammenstellung der Texte mitgewirkt.
Der «Offene Brief an Gustáv Husák» wurde von Gabriel Laub übersetzt.
Satz Baskerville (Linotronic 500)
Gesamtherstellung Clausen & Bosse, Leck
Printed in Germany
1600-ISBN 3 499 12838 1

Inhalt

Brief an Alexander Dubček   9
August 1969

Offener Brief an Gustáv Husák   33
April 1975

Politik und Gewissen   81
Februar 1984

Anatomie einer Zurückhaltung   115
April 1985

Unser Schicksal ist unteilbar   161
März 1986

Ereignis und Totalität   173
April 1987

Ein Wort über das Wort   207
Oktober 1989

Projekt Hoffnung   225
Oktober 1989

Von welcher Republik ich träume   233
Neujahrsansprache 1990

Über den Autor   247

Zu den Texten   251

«Die Zeit des ‹klassischen Dissidententums› ist vorbei», so schrieb er im Oktober 1989. «Leicht beunruhigend» sei die historische Stunde, in der «wir nicht mehr das sind, was wir waren» und «noch nicht sind und sein können (und vielfach gar nicht sein wollen), was wir offenbar sein sollen».

Wenige Wochen später, am 29. Dezember 1989, wurde Václav Havel in das Amt als tschechischer Staatspräsident eingeführt. Er hat es immer der besonderen Verantwortung des Schriftstellers abgefordert, sich nicht nur durch sein literarisches Schaffen in den Dienst der Wahrheit zu stellen, sondern sich auch für die Bürger- und Menschenrechte zu engagieren. Keine Gefängnismauer war dick genug, die «Stimme des Gewissens», die er gegen die totalitäre Staatsmacht erhob, zum Schweigen zu bringen. Weder Drohung noch Demütigung, weder Verurteilung noch Gefängnis haben ihn von seinem Glauben abbringen können, daß der «Augenblick der Wahrheit» kommen und die Macht der Ohnmächtigen obsiegen würde.

Wir haben die Texte Václav Havels verlegt, als er verfolgt wurde – Ausdruck des Respekts vor einem großen Autor und einem unbeugsamen Kämpfer für die Menschenrechte. Der vorliegende Band versammelt Essays vornehmlich aus dieser Zeit. Er enthält aber auch die erste große Rede, in der der ehemalige «Dissident» als Staatspräsident spricht.

Ingke Brodersen

Reinbek, Februar 1990

BRIEF AN
ALEXANDER DUBČEK

«Ich weiß nicht, ob etwas dran ist, doch habe ich gehört, Sie sollten der Hauptankläger gegen Ihre eigene
Politik sein, der als erster öffentlich Zustimmung zu
dem Eingreifen äußert, das diese Politik verhindern
sollte.

Ich denke, daß Sie so etwas um keinen Preis tun dürfen. Schon lange nämlich geht es nicht mehr nur um
Ihre persönliche Ehre, Ihren Stolz und Ihre Würde. Es
geht heute um viel mehr: um die Ehre und den Stolz all
derer, die Ihrer Politik Vertrauen schenken und die
heute – zum Schweigen gebracht – sich Ihnen als Ihrer
letzten Chance zuwenden, in der Hoffnung, daß Sie –
und Sie als einziger haben dazu die Möglichkeit – dem
tschechoslowakischen Versuch das einzige erhalten,
was offenbar noch zu erhalten ist: die Selbstachtung.»

Sehr geehrter Herr Dubček,

ich weiß nicht, ob Sie sich an mich erinnern (wir haben nur einmal miteinander gesprochen: vor einem Jahr bei einem engeren Treffen von Politikern mit Schriftstellern); ich weiß nicht, ob Sie mich als Schriftsteller kennen, und ich weiß natürlich auch nicht, ob Sie meinen Brief so auffassen werden, wie er gedacht ist, nämlich als den aufrichtigen Ausdruck einer aufrichtigen Überzeugung. Trotz allem habe ich mich nach längerer Überlegung entschlossen, Ihnen zu schreiben, weil ich zu der Ansicht gelangt bin, daß dies in diesem Augenblick wohl die einzige Art ist, wie ich – im Rahmen meiner bescheidenen Möglichkeiten – etwas für die Sache tun kann, die ich für schicksalhaft wichtig für das Land halte, in dem ich lebe und in dessen Sprache ich schaffe. Im übrigen haben Sie den Leuten eher geglaubt als nicht geglaubt (manchmal haben Sie ihnen sogar mehr geglaubt, als angemessen war), und so habe ich wohl zumindest die Hoffnung, daß Sie meine Überlegungen nicht mit dem voreingenommenen Widerwillen betrachten werden, mit dem heute alles betrachtet wird, was nicht die offizielle politische Linie lobt.

Man muß kein allzu erfahrener politischer Beobachter sein (und ich bin es entschieden nicht), um zu begreifen, daß die Zustimmung zur sowjetischen Intervention und das vorbehaltlose Akzeptieren der sowjetischen Erläuterung der tschechoslowakischen Ereignisse des Jahres 1968 durch die höchsten Partei- und damit auch Staatsorgane die Frage einiger Wochen, wenn nicht Tage ist, und daß die gegenwärtige offizielle Propaganda nichts anderes ist als die ideologische Vorbereitung dieses Schrittes, der definitiv die tschechoslowakische Politik nach dem August in eine politische, ideologische und moralische Kapitulation verwandeln soll. Und je geringer die Hoffnung ist, daß es dem Druck der Volksschichten, der Intelligenz oder bestimmter Kräfte in der politischen Führung doch noch gelingt, diesen beschämenden Schritt abzuwenden, desto mehr fällt der Blick aller Tschechen und Slowaken (und mit ihnen zusammen auch der der Weltöffentlichkeit) auf Sie und einige Ihrer Freunde in der gespannten Erwartung, wie Sie sich – vor die Notwendigkeit gestellt, zu der ganzen Sache einen Standpunkt einzunehmen – verhalten werden.

Ihre Situation ist wahrscheinlich sehr schwierig – und vom menschlichen Standpunkt aus ist es wohl nicht gerecht, daß eine so ernste Entscheidung auf die Schultern eines einzigen Mannes gelegt wird –, und doch ist es unendlich wichtig, daß gerade Sie sich gerade jetzt so verhalten, wie immer noch die Mehrheit von uns hofft, daß Sie es tun werden. Vielleicht klingt das übertrieben, doch von welcher Seite auch immer ich es betrachte, mit wem auch immer ich darüber spreche, immer wieder muß ich mir klarmachen, daß in gewisser Hinsicht jetzt die Hoffnung auf eine sinnvolle Zukunft für uns alle gerade von Ihrer Haltung abhängt. Das Bewußtsein dieser Bedeutung ist auch der unmittelbare Beweggrund für diesen meinen Brief, mit dem ich mit aller Dringlichkeit, deren ich fähig bin, an Sie appellieren will, nicht die letzte Hoffnung zu enttäuschen, die die Menschen heute haben und die sich gerade in Ihnen konzentriert. Ich maße mir hierbei nicht das Recht an, Sie zu belehren, noch habe ich die Absicht, mich zum «Gewissen der Nation» aufzuspielen – meine Absicht ist nichts anderes, als in die Überlegungen, die Sie wahrscheinlich in dieser Zeit beschäftigen, etwas andere Ansichten und Argumente hineinzutragen als jene, von denen Sie in Ihrer unmittelbaren Umgebung überschwemmt werden, und Ihre inneren Gewißheiten zu stärken, die wohl heute den stärksten äußeren Angriffen und inneren Zweifeln ausgesetzt sind. Mein Appell ist also nicht ein Ausdruck des Mißtrauens, sondern im Gegenteil des Vertrauens: ohne das Vertrauen in Ihre Urteilsfähigkeit und Ehrenhaftigkeit hätte ich mich nie zu einem solchen Brief entschlossen.

Für unsere beiden Völker sind Sie das Symbol aller Hoffnungen auf ein besseres, würdigeres und freieres Leben, mit denen die erste Hälfte des Jahres 1968 verbunden war; für die Weltöffentlichkeit sind Sie das Symbol des tschechoslowakischen Versuchs eines «Sozialismus mit menschlichem Antlitz». Die Menschen sehen in Ihnen den ehrenhaften, aufrichtigen und mutigen Menschen; Sie sind für sie ein für die gerechte Sache entbrannter Politiker; sie haben Ihren aufrichtigen Blick und das menschliche Lächeln gern; sie glauben, daß Sie des Verrats nicht fähig sind. Das wissen selbstverständlich auch diejenigen gut, die heute unter dem Schutz der sowjetischen Kanonen in unserem Land die alten Ordnungen erneuern und allmählich alles liquidieren, was der tschechoslowakische Frühling 1968 gebracht hat. Deshalb ist es heute wahrscheinlich eines ihrer Hauptziele, nicht nur Sie dazu zu zwingen, sich ihrer Ideologie unterzuordnen, sondern auch zu erreichen, daß gerade Sie es sind, der das entscheidende Wort zugunsten ihrer Politik sagt. Ich weiß nicht, ob etwas dran ist, doch habe ich sogar gehört, Sie sollten der Hauptankläger gegen Ihre eigene Politik sein, der als erster öffentlich Zustimmung zu dem Eingreifen äußert, das diese Politik verhindern sollte.

Ich denke, daß Sie so etwas um keinen Preis tun dürfen. Schon lange nämlich geht es nicht mehr nur um Ihre persönliche Ehre, Ihren Stolz und Ihre Würde. Es geht heute um viel mehr: um die Ehre und den Stolz all derer, die Ihrer Politik Vertrauen schenkten und die heute – zum Schweigen gebracht – sich Ihnen als ihrer letzten Chance zuwenden, in der Hoffnung, daß Sie – und Sie als einziger haben dazu die Möglichkeit – dem tschechoslowakischen Versuch das einzige erhalten, was offenbar noch zu erhalten ist: die Selbstachtung.

Die Gründe, die Ihre Widersacher dazu führen, sich um Ihre Stimme zu bemühen, sind durchsichtig: die eigene unsaubere Arbeit wollen sie hinter Ihrem sauberen Namen verbergen, und etwas, was nur von Unfähigkeit und Ohnmacht herkommt, wollen sie durch Ihre Vermittlung den Schein einer Art verborgenen politischen Voraussicht geben; zugleich jedoch – und gerade dadurch – wollen sie Sie öffentlich diskreditieren, erniedrigen und um das bringen, was sie an Ihnen am meisten stört und wodurch Sie sich von ihnen am meisten unterscheiden: nämlich um das Vertrauen der Menschen. Ihrem Sehnen, Sie auf die Knie zu zwingen, kann es nicht genügen, daß Sie die Macht verloren haben; es verlangt nach mehr: Sie sollen das Gesicht verlieren – erst so kann es wirklich befriedigt werden. Alle diese Anstrengungen sind freilich mit etwas noch Schlimmerem verbunden: mit dem gänzlich kaltblütigen Bemühen, den Menschen die letzte Hoffnung zu nehmen und in ihnen tiefe Depression, Gleichgültigkeit und Skepsis hervorzurufen – also genau das, was Ihre Nachfolger zur ungestörten Machtausübung benötigen. Die Ziele sind klar: sich an Ihnen für all das zu rächen, wodurch Sie über sie hinausragen; Sie aus dem Denken der Menschen zu tilgen; durch Sie das Volk zu manipulieren. (Und auf diese Weise natürlich – unter anderem – allmählich auch die Bedingungen zu Ihrer endgültigen und durch nichts mehr gestörten Verurteilung vorzubereiten.)

Die Argumentation Ihrer Widersacher kann ich mir lebhaft vorstellen: vor allem mißbrauchen sie wohl Ihren kommunistischen Glauben – sie betonen das Interesse der Partei, der Bewegung, das Interesse des Sozialismus; sie appellieren an Ihre Parteidisziplin; und das, was sie von Ihnen fordern, fordern sie als Dienst an der Sache, die Ihnen die teuerste ist und der Sie Ihr Leben geweiht haben (wie auffällig erinnert das an die Art und Weise, in der in den Jahren der Prozesse von disziplinierten Kommunisten im Namen der Partei selbstbeschuldigende Aussagen erpreßt wurden, die zur Verwirrung der Öffentlichkeit und zur leichteren Verurteilung bestimmt waren!). Zugleich bemühen sich Ihre Widersacher sicherlich auch, Ihre verantwortungsbewußte Beziehung zu den Interessen unserer Völker auszunutzen: sie betonen, falls Sie nicht das tun, was Sie tun sollen, werden Sie eine neue Krise hervorrufen; Sie machen die Konsolidierung der Verhältnisse unmöglich; Sie bringen das Land erneut ins Chaos, wenn nicht gar an den Rand eines Bürgerkriegs; Sie rufen eine neue Intervention hervor, Massendeportationen und eine eventuelle Anbindung an die UdSSR; Sie spielen Hasard mit der Existenz und dem Leben von Millionen von Menschen, die auf Ihre Geste nicht neugierig sind und in Ruhe arbeiten wollen. Sie werden sich wohl nicht einmal schämen, den Anspruch auf Ihre Unterstützung darauf zu stützen, daß sie auch Sie unterstützt hätten (es war eine sehr schöne Unterstützung, die unter dem Mantel der äußeren Zustimmung lange vor der Intervention eine Bauern- und Arbeiterregierung und ein Revolutionstribunal gegen Sie organisiert hat!).

Wie schwer auch immer dies für Sie sein wird, Sie dürfen dieser demagogischen Argumentation nicht erliegen. Denken Sie an das Dilemma, in dem sich Edvard Beneš zur Zeit des Münchner Abkommens befand: damals ging es nicht nur um bloße Demagogie, sondern um die reale Gefahr der Ausrottung des Volkes. Und gerade sie, die Kommunisten, waren es, die es damals schafften, der suggestiven Kapitulations-Argumentation zu widerstehen, und die ganz richtig begriffen hatten, daß eine faktische Niederlage nicht auch eine moralische Niederlage sein muß und daß ein moralischer Sieg sich später auch in einen faktischen Sieg verwandeln kann, eine moralische Niederlage jedoch niemals.

Wenn Sie widerstehen und bei Ihrer Wahrheit bleiben, fügen Sie möglicherweise der Politik der heutigen Führung Ihrer Partei einen Schlag zu, nicht jedoch der Partei als solcher: der erweisen Sie im Gegenteil mit einer solchen Haltung – vom Gesichtspunkt der Zukunft aus – einen großen Dienst: Sie geben den Menschen ein Stück Hoffnung auf diese Partei zurück, weil Sie deutlich zeigen, daß der Kommunismus nicht unteilbar mit Lüge und Charakterlosigkeit verbunden ist. Vielleicht leisten Sie einen Beitrag zur Diskreditierung einiger Personen aus der heutigen Führungsspitze der Partei, gewiß aber werden Sie den Kommunismus und seine Ideale nicht diskreditieren: diese können Sie einzig rehabilitieren, wenn Sie andeuten, daß auch Kommunisten Rückgrat haben können und daß die Wahrheit für sie wichtiger sein kann als Parteidisziplin und der Wille von Parteiorganen. Wenn Sie aber im Gegenteil widerrufen, können Sie den Kommunismus mehr als jeder andere diskreditieren: Sie würden damit definitiv demonstrieren, daß im Rahmen dieser Partei und dieser Bewegung Werte wie Wahrheit, Charakter und Freiheit sinnleere Illusionen sind.

Natürlich habe ich keine Informationen über die Verhältnisse innerhalb der Parteiführung, über das vorbereitete Vorgehen und über Ihre objektive Situation. Trotzdem werde ich versuchen, über die einzelnen Alternativen nachzudenken, die ich mir – als einfacher Bürger – vorstellen kann:

Ihre erste Möglichkeit – die, von der ich annehme, daß sie Ihnen aufgezwungen wird – besteht darin, umfassend Selbstkritik zu üben, die Schwäche und Blindheit Ihrer Führung einzugestehen, vollständig auf die sowjetische Interpretation der tschechoslowakischen Entwicklung einzugehen, einzugestehen, daß Sie das wirkliche Wesen und die Richtung dieser Entwicklung nicht «begriffen», Ihre Pflicht versäumt, daher den konterrevolutionären Kräften in die Hände gespielt und dem Ganzen noch die Krone aufgesetzt haben, indem Sie die sowjetische Intervention verurteilten. Und dann betonen, daß erst mit dem Abstand der Zeit Ihnen die Unvermeidlichkeit dieses Einschreitens klargeworden sei und Sie begriffen hätten, daß wir in Wirklichkeit der sowjetischen Führung dankbar sein müßten für die «brüderliche Hilfe», die sie in der Form von Panzern aussandte, um hier unsere sozialistischen Errungenschaften zu retten.

Diesen Weg zu gehen würde bedeuten, im «Interesse der Partei» sich selbst, seine Wahrheit, seine Überzeugung, seine Arbeit, seine Ideale zu bestreiten; das eigene Werk zu bespucken und alle Hoffnungen, die mit Ihrem Namen verbunden sind, zu verraten; sich selbst zu erniedrigen und die Mehrheit der Tschechen und Slowaken tief zu beleidigen, die wissen, wie die Dinge wirklich waren; den Menschen die letzte Gewißheit zu nehmen, das letzte Ideal, die letzten Reste von Glaube an die menschliche Ehre, daran, daß es sinnvoll ist, sich charaktervoll zu verhalten, an eine bessere Zukunft und an den Sinn jeglichen Opfers für das Ganze und sie tief in die moralische Armut hineinzuwerfen, die mit dem Verlust aller höheren Werte verbunden ist und zur allgemeinen Entwicklung von Egoismus, Anpassungswille, Karrierismus und Gleichgültigkeit gegenüber dem Schicksal anderer führt.

Durch ein solches Vorgehen würden Sie selbstverständlich der heutigen Parteiführung sehr helfen, jedoch um den Preis, daß Sie damit der moralischen Konsistenz unserer Völker einen schrecklichen Schlag versetzten: der Schock aus dem Fall des letzten Ideals könnte zu nichts anderem führen als zu einem sittlichen Kater und Marasmus, von dem wir uns möglicherweise über eine ganze Generation hinweg nicht erholen werden; es wäre die Liquidierung sowohl der letzten Reste des nationalen Selbstbewußtseins wie auch der letzten Reste des Vertrauens in den Kommunismus. Sie würden wahrscheinlich – zumindest eine gewisse Zeit – in bedeutenderen Partei- und Staatsfunktionen belassen (dabei aber ohne realen politischen Einfluß); unsere Völker jedoch würden Sie als einen Verräter verurteilen, wie es ihn in der Geschichte der tschechischen und slowakischen Politik noch nicht gegeben hat (ich zumindest erinnere mich an keinen Fall, in welchem ein Vertreter einer bestimmten Politik aktiv militärisches Eingreifen gegen seine Politik gutgeheißen hätte).

Die zweite Möglichkeit, die Ihnen angeboten wird, ist Schweigen: weder üben Sie Selbstkritik, noch treten Sie andererseits in eine Polemik mit dem Vorschlag zur Zustimmung zur Okkupation ein – Sie unterwerfen sich einfach still dem angenommenen Beschluß und warten auf die Dinge, die da kommen sollen.

Ich glaube nicht, daß diese Alternative real ist, aber nehmen wir eimal an, sie sei es. Wozu würde sie führen? Aus den bedeutenderen Funktionen würden Sie wohl wesentlich schneller als im ersten Fall entfernt, und Sie würden wohl weit eher und weit schonungsloser als Hauptschuldiger verurteilt. In den Augen der Menschen jedoch sähen Sie auch nicht besser aus: Ihre «Lösung» würde zwar nicht eine so starke und unmittelbare Erschütterung hervorrufen wie die aktive Zustimmung zur Okkupation, nichtsdestoweniger würde Sie das Vertrauen des Volkes in Sie nicht retten: dieser ziemlich peinliche Versuch, sich in der Menge zu verstecken und sich ohne Verwundungen herauszulavieren, könnte schwerlich etwas anderes erwekken als allgemeine Verachtung. Der Parteiführung würden Sie mit einem solchen Vorgehen weder allzusehr helfen noch allzusehr schaden, und Ihr Bemühen, durch schweigende Zustimmung sich selbst zu überlisten und sich auf schwejksche Art durch die Geschichte zu lavieren, könnte dabei schließlich nur zu derselben sittlichen Krise führen, zu der auch die erste Alternative führen würde.

Die dritte Haltung, die Sie einnehmen können – nämlich die, die ich Ihnen empfehle und die, wie mir scheint, auch von der Mehrheit der Menschen von Ihnen erwartet wird –, ist die anspruchsvollere: sie besteht nämlich darin, daß Sie trotz allen ausgeübten Drucks erneut sachlich, offen und wahrheitsgemäß Ihre Absichten erläutern, Ihre Politik und Ihr Verständnis der Entwicklung nach dem Januar; Sie werden klar Ihre Überzeugung betonen, daß der Demokratisierungsprozeß nicht mit einer Existenzbedrohung für den Sozialismus verbunden war, sondern im Gegenteil seine Regenerierung versprach; und was die sowjetische Intervention betrifft, schildern Sie Ihre Beziehung dazu ganz offen und wahrhaftig: von Anfang an haben Sie sie verstanden, und bis heute verstehen Sie sie als unberechtigtes und unbegründetes Eingreifen gegen den Demokratisierungsprozeß (ein Eingreifen, das darüber hinaus in grobem Widerspruch zu den Prinzipien des Zusammenlebens der sozialistischen Staaten und des Völkerrechts steht, wie die August-Erklärung des Präsidiums des ZK der KPČ festgestellt hat); wobei Sie zuerst von dem Einfall der Armeen als vor allem von einer großen Schande, Verrat und Unrecht schockiert waren, später jedoch haben Sie die Anwesenheit der Truppen als Realität akzeptiert und sich bemüht, solche politischen Auswege zu finden, die es ermöglichten, auch in dieser neuen «Realität» die inneren Verhältnisse sowie die internationalen Verhältnisse zu konsolidieren, ohne daß dies durch ein Abrücken von Ihrer Überzeugung, die Intervention sei unberechtigt, bezahlt werden müßte. Es geht also mit anderen Worten darum, die Wahrheit zu sagen, auf ihr zu bestehen und alles abzulehnen, was sie auf den Kopf stellt.

Was wird geschehen, wenn Sie sich auf diese anspruchsvollste, doch zugleich aus einem gewissen Blickwinkel natürlichste Art und Weise verhalten?

Soweit Sie durch Ihr Auftreten nicht die Rücknahme dieser ganzen Frage von der Tagesordnung erreichen – und das ist sehr unwahrscheinlich –, werden Sie offenbar gleich nach der Zustimmung zur Okkupation durch das Zentralkomitee (zusammen mit einigen anderen, die sich Ihnen anschließen) aus dem ZK ausgeschlossen und wohl auch aus der KPČ, und Sie werden zumindest so verurteilt wie vor einiger Zeit Dr. Kriegel. Der Parteiführung und deren Politik versetzen Sie damit einen schweren Schlag, denn Sie weisen ihr charakterloses und durch keine politische Taktik zu entschuldigendes Verzerren der Wirklichkeit nach; den Konsolidierungsprozeß, wie man ihn heute versteht, erschweren Sie ernstlich; wahrscheinlich rufen Sie eine neue «Krise» hervor: vielleicht brechen Unruhen aus, oder es wird Streiks zu Ihrer Unterstützung geben. Schließlich jedoch wird es gelingen, alles so gerade eben zu «beruhigen», die Unruhen werden unterdrückt (einige weitere Funktionäre werden aufgrund dessen ausgewechselt und einige Dutzend Menschen kommen ins Gefängnis), und nach einigen Wochen ist alles wieder in den alten Verhältnissen, die wir kennen und uns vorstellen können. Vom Standpunkt der augenblicklichen Situation aus bringt Ihre Tat nichts Positives, eher im Gegenteil: sie wird zu weiteren Repressionen mißbraucht. Das alles jedoch ist völlig vernachlässigenswert im Vergleich mit der eminenten sittlichen – und damit vom Gesichtspunkt der langfristigen Entwicklung aus auch gesellschaftlichen und politischen – Bedeutung, die dieses Ihr Vorgehen für das zukünftige Schicksal unserer Völker hätte: die Menschen würden begreifen, daß man seine Ideale und sein Rückgrat immer bewahren kann; daß man der Lüge entgegentreten kann; daß es Werte gibt, für die es Sinn hat, sich zu schlagen; daß es noch Führer gibt, denen man glauben kann; daß keine augenblickliche politische Niederlage zur totalen historischen Skepsis berechtigt, wenn die Betroffenen ihre Niederlage würdig zu tragen imstande sind.

Durch Ihre Tat würden Sie uns allen einen ähnlich mächtigen moralischen Spiegel vorhalten, wie es Jan Palach getan hat – die Wirksamkeit Ihres Schrittes wäre aber offensichtlich längerfristig. Ihre Tat würde für viele Mitbürger zum Maßstab des eigenen Verhaltens, zur Magnetnadel, die auf eine sinnvollere Zukunft weist, zu einer dauerhaften und konkreten politischen und menschlichen Stärkung. Sie würden nicht vergessen, sondern lebten im Gegenteil – sei es auch zurückgezogen – als lebendige und durchgehend wirkende Hoffnung aufrichtiger Bürger und zugleich als permanenter und nicht zu beseitigender Vorwurf für alle Karrieristen, die ihren Vorteil aus der Okkupationssituation ziehen. Unermeßlich würden Sie das Prestige des tschechoslowakischen Kampfes vor der Weltöffentlichkeit stärken; der kommunistischen Bewegung würden Sie die Dimension einer ihrer besseren Perspektiven lebendig erhalten. Nach einigen Jahren (besonders im Falle einer Machtverschiebung innerhalb der KPdSU) würden Sie offensichtlich – obwohl wahrscheinlich recht unauffällig, wie das in der Geschichte der kommunistischen Bewegung zu sein pflegt – rehabilitiert, weil man die Geschichte nicht aufhalten kann und die Zeit Ihnen früher oder später wird recht geben müssen. Und bis sich einmal wieder die Möglichkeiten eröffnen – vielleicht allmählicher, dafür aber um so konsequenter – noch einmal das zu versuchen, was im Jahre 1968 nicht gelungen ist, könnte die Gesellschaft gerade dieses riesige moralisch-politische Potential nutzen, das in ihr – dank Ihrer festen Haltung – erhalten geblieben ist, gewirkt und sich entwickelt hat. Für die Weltöffentlichkeit und für die internationale kommunistische Bewegung bliebe dabei aufgrund Ihres Verdienstes der tschechoslowakische Versuch des Jahres 1968 keine abgeschlossene und vergessene historische Episode, sondern wäre eine ständig gegenwärtige Alternative, mit der manche, die ansonsten die ganze Sache gern aus Bequemlichkeit vom Tisch wischen würden, immer wieder sich auseinanderzusetzen gezwungen wären.

Sicher, ich weiß, daß ich gut reden habe, stecke ich doch

nicht in Ihrer Haut und trage nicht Ihre Verantwortung. Doch die Tatsache, daß ich nicht Sie bin, entbindet mich in keiner Weise – jedenfalls nicht vor meinem Gewissen – von der Pflicht, einen Standpunkt einzunehmen und Sie darüber zu informieren, und das um so mehr, als ich nicht gezögert habe, die Möglichkeiten zu nutzen, die mir Ihre politische Konzeption in besseren Zeiten gewährt hat, und so fühle ich darüber hinaus die natürliche Notwendigkeit, mich auch in bösen Zeiten zu meinem bescheidenen Teil der Mitverantwortung für deren Schicksal zu bekennen. Im übrigen glaube ich, daß ich mich als dramatischer Autor – wenn Sie gestatten – zumindest in gewissem Maße in Ihre Situation einleben kann: mir scheint, daß ich einiges von Ihrer Mentalität, Ihren Problemen, Ihrer Bitterkeit, Ihren Rücksichten, Ihren gedanklichen und politischen Traditionen, Beziehungen, Vorurteilen, Überlegungen und Gefühlen verstehe.

Und obwohl ich mich bemühe, mich in Ihre Situation einzuleben, und gerade weil ich mich bemühe, die Dinge aus Ihrer Perspektive so verantwortungsbewußt wie möglich aufzufassen, muß ich so sprechen, wie ich spreche, und als einzigen sinnvollen Weg Ihnen den anbieten, der für Sie – leider – der wohl schwierigste und gefährlichste ist: den Weg der Wahrheit.

Andererseits muß ich natürlich im Interesse der Objektivität offen meine Überzeugung eingestehen, daß in gewisser Hinsicht auch Sie selbst ein Stück Schuld daran tragen, daß Sie sich in der Situation befinden, in der Sie sich befinden; wenn von Ihnen heute eine Entscheidung unter so außergewöhnlich schwierigen Umständen gefordert wird, so liegt darin leider zugleich ein Stück erbarmungsloser historischer Gerechtigkeit: Ihr Versuch, nach dem August eine eindeutige Antwort auf die Frage der Intervention zu vermeiden, ist mißlungen nicht nur aufgrund der Schuld des verantwortungslosen Volkes, wie Sie sich vielleicht in schwachen Momenten selbst haben einreden wollen, sondern aufgrund Ihrer eigenen Schuld: seien Sie nicht böse, wenn ich mich auf mich selbst berufe, aber ich kann es nicht vermeiden, mich in diesem Zusammenhang an meine eigene Reaktion auf Ihre Rückkehr aus Moskau im August des vergangenen Jahres zu erinnern: zwar war ich tief beeindruckt von allem, was Sie physisch und psychisch hatten durchmachen müssen, keinen Augenblick habe ich an Ihren äußerst ehrenhaften Absichten und verantwortungsbewußten Überlegungen gezweifelt, habe die Kompliziertheit der Situation, in der Sie zu Entscheidungen gezwungen waren, durchaus begriffen und habe mich verbeugt vor Ihrem zähen Bemühen, Ihren Kampf nicht aufzugeben – trotz alldem aber war ich vom ersten Augenblick an überzeugt, daß Sie mit der Unterschrift unter die Moskauer Abkommen einen schrecklichen Fehler begangen haben, für den Sie früher oder später teuer werden bezahlen müssen. Meine Annahme erfüllt sich jetzt leider. Die Moskauer Abkommen waren nämlich nichts anderes als ein bloßes Aufschieben der Notwendigkeit, zur Intervention entweder «Ja» oder «Nein» zu sagen; dieser Frage auszuweichen konnte nur zu einem Provisorium führen, jedoch niemals Ausgangspunkt irgendeiner längerfristigen politischen Konzeption sein; die schizophrene Spannung, die sich in den ersten Monaten nach der Intervention herausbildete, mußte früher oder später entweder in ein neues Aufeinandertreffen oder die definitive Kapitulation münden, wobei die zweite Möglichkeit aus vielerlei Gründen unverhältnismäßig viel wahrscheinlicher war. Den Akt des Aufschiebens selbst verurteile ich selbstverständlich im allgemeinen nicht – Aufschieben am rechten Ort und zur rechten Zeit kann eine sehr effektive politische Waffe sein –, doch hier ging es – und darin gerade bestand meiner Meinung nach der Kern Ihres Irrtums – um eine für die Tschechoslowakei äußerst ungünstige Aufschiebung: nämlich eine solche, die nicht für Sie, sondern einzig gegen Sie arbeiten konnte. Falls nämlich eine bestimmte Form Ihres «Nein» (und wenn es nur darin bestanden hätte, vor der Unterschrift unter die Abkommen eine Konsultation mit dem Volk zu verlangen) zu dieser Zeit noch bestimmte reale Chancen auf konkrete politische Ergebnisse haben konnte (der Zusammenbruch des innerparteilichen Putsches, das Fiasko der politischen Absicherung der Okkupation und die Ratlosigkeit der sowjetischen Führung hätten für Sie gearbeitet), so konnte die Art und Weise des Ausweichens vor einer eindeutigen Antwort, die Sie gewählt haben, zu nichts anderem führen, als daß die Notwendigkeit einer solchen Antwort auf eine für Sie immer ungünstigere Zeit verschoben wurde, bis Ihr eventuelles «Nein» – heute – nur noch die perspektivische Bedeutung haben kann, von der ich gesprochen habe. Es ist verständlich: die Moskauer Abkommen waren de facto ein Instrument, sich selbst zu belügen – indem Sie kein «Ja» aussprachen, boten sie die Illusion des Erfolgs, dabei stellten sie aber zugleich alle faktischen Voraussetzungen dafür sicher, daß Sie in der Zukunft ein gänzlich unzweideutiges «Ja» würden sagen müssen, und zwar beginnend mit der Annullierung des 14. Parteitags und dessen Verschiebung und endend mit der Vereinbarung über einen baldigen Okkupationsvertrag. Das Moskauer Protokoll gab die Zeit und schuf alle notwendigen Bedingungen zur ruhigen und ungestörten Stabilisierung all der regressiven Strukturen, die sich unter Ihrem Schutz darauf vorbereiteten, Sie zu schlucken, und die im August des vergangenen Jahres noch nicht existierten und nicht existieren konnten. Die allmähliche psychologische und organisatorische Auflösung der Aktionseinheit, auf die Sie sich im August so wirksam stützen konnten, war nur die natürliche und geplante Folge des Aufbaus gerade jener Strukturen, die Sie in Ihrem eigenen Namen und unter Ihrem eigenen Schutz um all die wichtigen Quellen Ihrer Autorität und Macht bringen. Verstehen Sie mich recht: das alles sage ich nicht, um Ihnen die Vergangenheit vorzuwerfen, um jetzt den Klugen zu spielen und, mit allen Erfahrungen ausgerüstet, die Sie damals noch nicht hatten, Ihnen zu erklären, was Sie alles falsch gemacht haben und hätten besser machen können. Darum geht es jetzt überhaupt nicht, und ich spreche darüber auch nur, um anzudeuten, daß die außerordentlich belastenden Umstände Ihrer heutigen Pflicht, sich zu entscheiden, nicht vom Himmel gefallen sind, sondern gesetzmäßig aus den vergangenen Dingen erwachsen als die ungewollte Folge Ihrer eigenen früheren politischen Entscheidungen, Absichten und Illusionen. (Wobei ich – um mich nicht noch weiter von den Fragen zu entfernen, die heute zu lösen sind – mit Absicht einige ernsthafte Fehler Ihrer Politik vor dem August nicht weiter ausführe, die aus naivem Vertrauen in die «Vernünftigkeit» der sowjetischen Führung keine der realen Maßnahmen durchführte – dabei keineswegs die Volksbewegung «bremsend», sondern sich auf sie stützend –, die präventiv die Möglichkeit eines sowjetischen Eingreifens hätten abwenden oder zumindest erschweren und Sie so vor dem schrecklichen Dilemma hätten bewahren können, in die Sie die sowjetische Intervention gebracht hat.) Die Aufrichtigkeit Ihrer Überlegungen und die Ehrenhaftigkeit Ihrer Absichten ändert – leider – an dieser Ihrer Mitverantwortung wenig: in der Politik entscheiden nicht die Absichten, sondern die Ergebnisse.

Übrigens haben, obwohl Ende August vorigen Jahres die Mehrheit unserer Bürger mit mir offenbar die kritische Beziehung zu der gewählten Lösung geteilt hat, alle diese Lösung zugleich respektiert als eine mögliche Alternative, wenn auch nicht die glücklichste, so doch als begreifliche und ehrenhaft gemeinte. Und deshalb haben sich auch nach all den Maßnahmen, die Sie nach dem August mit zusammengebissenen Zähnen durchführen mußten, um Ihren Verpflichtungen nachzukommen, die Tschechen und Slowaken das Vertrauen in Sie bewahrt, haben Sie unterstützt und Ihre Maßnahmen – ebenfalls mit zusammengebissenen Zähnen – akzeptiert. Nichtsdestoweniger hat sich das unbarmherzige Rad der geschichtlichen Logik unaufhaltsam weitergedreht und hat allmählich all die freudlosen – zuerst kaum wahrnehmbaren, im Kern jedoch leider gesetzmäßigen – Folgen des Vorgehens, das gewählt worden war, an die Oberfläche gebracht.

So kommt eigentlich erst jetzt jener schicksalhafte Augenblick, der von Ihnen fordert, definitiv für Ihr Handeln Rechenschaft abzulegen, den wirklichen Hintergrund dessen zu enthüllen, zu dessen Vertreter Sie geworden sind, und entweder durch Ihre Haltung unter den gesamten tschechoslowakischen Demokratisierungsversuch als einen unverantwortlicherweise ermöglichten Fehlgriff einen Strich zu ziehen oder aber im Gegenteil durch eine wagemutige, schwierige und riskante Entscheidung dessen Wahrhaftigkeit zu bestätigen sowie die unbesiegte und unbesiegbare Inspiriertheit, die es lohnt, daß sich ein Politiker in deren Namen gegen die Autorität seiner eigenen Partei, seiner eigenen Bewegung, seiner Genossen auflehnt.

Es scheint die Zeit gekommen zu sein, in der einer Antwort nicht mehr ausgewichen, jenes schicksalhafte Dilemma nicht mehr umgangen, die Geschichte nicht mehr überlistet werden kann. Sicher haben Sie mit Ihren Freunden Fehler gemacht – wie jeder von uns Fehler macht. Jetzt geht es darum, ob alles, worin Sie sich geirrt haben oder womit Sie keinen Erfolg hatten, tausendmal aufgehoben wird durch die Tatsache Ihrer Entschlossenheit, persönlich für Ihre Wahrheit einzustehen und durch Ihr menschliches Schicksal die Wahrhaftigkeit Ihrer Ideale zu bekräftigen, oder ob Sie im Gegenteil durch Ihre Nichtbereitschaft, mit Ihrer Existenz und möglicherweise auch Ihrem Leben für den Versuch des vergangenen Jahres einzustehen, breite Schichten der Menschen dazu zwingen, diesen Versuch für einen gigantischen Betrug zu halten, der an ihnen verübt wurde und auf den sie naiv hereingefallen sind.

Vielleicht kommt Ihnen an dieser Stelle der Gedanke, daß ich von Ihnen eigentlich verlange, daß Sie für uns alle die Schuld auf sich nehmen und daß Sie durch Ihre Tat das erlösende symbolische Opfer bringen, dessen unsere Völker selbst – nicht symbolisch – nicht fähig sind; vielleicht kommt Ihnen der Gedanke, daß diejenigen, die dies von Ihnen fordern, es nur aus eigenem Alibismus tun, um mit Ihrer Vermittlung schmerzlos das eigene Bewußtsein zu beruhigen. In vielerlei Hinsicht ist eine solche Überlegung sicherlich gerechtfertigt – und doch ändert das nichts daran, daß Sie sich so verhalten müssen, wie das von Ihnen erwartet wird: der Politiker – und überhaupt jede gesellschaftliche Elite – ist nämlich niemals nur eine «Funktion» der Gesellschaft, sondern die Gesellschaft ist immer zugleich in gewissem Maße wiederum eine «Funktion» ihrer Politiker und ihrer Eliten: die Eliten wirken auf sie ein und mobilisieren die Kräfte, die sie zu mobilisieren imstande sind: eine feige Politik entwickelt die Feigheit auch in der

Gesellschaft, eine tapfere Politik im Gegenteil mobilisiert die menschliche Tapferkeit. Unsere Völker sind imstande, sich feig und mutig zu verhalten, heiligen Eifer zu zeigen oder sich nach egoistischer Gleichgültigkeit zu richten, Tschechen und Slowaken können heldenhaft kämpfen oder hinterhältig denunzieren – und was davon wirklich während der jeweiligen Zeit in der Gesellschaft und in jedem einzelnen überwiegt, das hängt in erheblichem Maße gerade davon ab, welche Situation im jeweiligen Augenblick die politische Elite hervorbringt, vor welche Alternativen sie die Menschen stellt, welchen Eigenschaften sie Gelegenheit zur Entwicklung gibt oder nicht gibt, was sie einfach in den Menschen durch ihre Arbeit und ihr eigenes Beispiel stimuliert. Deshalb erhebt die Politik auch größere Ansprüche an die menschlichen und moralischen Qualitäten derjenigen, die sie machen; je größer die Macht ist, die ein Politiker hat, desto größer sind auch diese Ansprüche – als integraler Bestandteil und Konsequenz seines Berufs.

Wenn das heutige Regime vor allem Gelegenheit zur Entwicklung des Egoismus, feiger Anpassung und Karrierismus gibt, wenn es sogar gerade auf der Existenz dieser Eigenschaften in erheblichem Maße seine Macht gründet, dann liegt es in diesem Augenblick gerade um so mehr an Ihnen, ob die tschechoslowakische Politik bzw. die kommunistische Bewegung es schafft, ein anderes Verhaltensmodell anzubieten und in den Menschen die anderen, besseren Kräfte zu mobilisieren. Im übrigen sind Sie auch daran, daß Sie heute in einer derart belastenden Situation allein sind, nicht ganz ohne Schuld: Sie selbst haben doch durch Ihre Politik – und sei es sicherlich auch in guter Absicht – den Prozeß der systematischen Demobilisierung der gesamten, nie dagewesenen Front der breiten Schichten ermöglicht, die sich hier spontan gebildet hatte, gerade um – zusammen mit Ihnen – den Weg für eine gemeinsame Sache gemeinsam zu gehen, ohne Rücksicht auf die damit verbundenen Gefahren. Als überzeugter Vertreter der führenden Rolle der Partei und ihres demokratisch-zentralistischen Prinzips haben Sie dabei selbst – auch in den Momenten des größten Aufschwungs demokratisierender Reformen – ein großes Stück der Entscheidungsgewalt von uns allen, den gewöhnlichen Bürgern (dazu noch zumeist nicht Parteimitgliedern) auf sich genommen; jetzt hat sich bloß eine Situation herausgebildet, in der die führende Stellung, auf die Sie Anspruch erhoben und die Sie auch hatten – und sei es auch weit verdienter als andere –, Sie vor die Pflicht stellt, für uns andere in anderem Sinne zu handeln, als Sie es bisher gewöhnt waren: nicht in der Ausübung der Macht, sondern im Widerstand gegen Sie.

Die Aufgabe, vor die diese Überlegungen Sie stellen, ist klar: wenn Sie glauben, daß der Versuch, den Sozialismus in Übereinstimmung mit den Bedingungen in einem industriell und kulturell entwickelten europäischen Land zu humanisieren und zu demokratisieren, der unter Ihrer Führung im Frühling des Jahres 1968 in der Tschechoslowakei unternommen wurde, ein berechtigter und gerechter Versuch war, der vom Willen des Volks ausging und seine Errungenschaften nicht bedrohte, und wenn Sie überzeugt sind, daß der plötzliche Einfall sowjetischer Truppen in die Tschechoslowakei im August 1968 ein unberechtigter und ungerechter Eingriff gegen diesen Versuch war, dann müssen Sie das deutlich sagen. Ohne Rücksicht auf die riesigen politischen Schwierigkeiten, die Sie damit der heutigen Führung der KPČ machen, ohne Rücksicht auf die Folgen, die das für Sie haben wird, und sogar ohne Rücksicht auf die konkrete politische Situation, die Sie damit hervorrufen. Wenn Sie dies nicht sagen, werden Sie das Gegenteil sagen müssen: und das hätte unendlich verderblichere Folgen.

Der tschechoslowakische Reformversuch ist besiegt. Um so mehr sollte die Wahrheit dieses Versuches nicht besiegt werden, seine Idee. Der Sozialismus in der ČSSR verliert wieder sein menschliches Antlitz. Um so mehr darf er nicht den Gedanken seiner Vermenschlichung verlieren. Es liegt nun vor allem an Ihnen, ob dies geschieht oder nicht.

Ich habe nicht die Absicht, als ein selbsternannter Sprecher für die Interessen des Volkes aufzutreten. Doch wenn es heute etwas Sicheres gibt, so ist dies die Tatsache, daß so wie ich die Mehrheit der Tschechen und Slowaken denkt. Man kann nämlich nicht gut anders denken. Die Dinge sind im Grunde einfach. Sie allerdings befinden sich im Schnittpunkt sehr komplizierter Kräfte, Einflüsse und Rücksichten. Es geht darum, ob Sie es schaffen, sich aus diesem komplizierten und dunklen Dickicht einen Weg an das Licht der sozusagen «einfachen menschlichen Überlegung» freizukämpfen. So zu denken, wie jeder normale, aufrichtige Mensch denkt. Es gibt hin und wieder Augenblicke, in denen der Politiker wirklichen politischen Erfolg nur erringen kann, indem er das ganze verknüpfte Netz relativierender politischer Rücksichten, Analysen und Kalkulationen vergißt und sich einfach wie ein ehrenhafter Mensch benimmt. Die plötzliche Anwendung unmittelbar menschlicher Maßstäbe inmitten der entmenschlichenden Welt politischer Manipulationen kann wie ein Blitz wirken, der diese unübersichtliche Landschaft mit hellem Licht überstrahlt. Und auf einmal ist die Wahrheit wieder Wahrheit, die Vernunft Vernunft und die Ehre Ehre.

Sehr geehrter Herr Dubček, in den nächsten Tagen werde ich – zusammen mit Tausenden meiner Mitbürger – sehr viel an Sie denken, werde viel Angst um Sie haben und zugleich viel von Ihnen erwarten.

9. August 1969   Ihr Václav Havel

OFFENER BRIEF AN
GUSTÁV HUSÁK

«Man kann das Leben lange und sehr gründlich vergewaltigen, verflachen, abtöten, und trotzdem kann man
es nicht zum Halten bringen. Wenn auch leise, langsam und verborgen – es geht weiter; es mag tausendmal sich selbst entfremdet werden – doch findet es wieder auf irgendeine Art zu sich selbst; es kann noch so
vergewaltigt werden – doch wird es letzten Endes die
Macht, die es vergewaltigt hat, überleben.

Und solange man das Leben nicht definitiv vernichten kann, kann man auch nicht die Geschichte zum
Halten bringen. Unter der schweren Decke der Starre
und des Pseudogeschehens fließt ihr kleiner, geheimer
Strom weiter und unterwühlt langsam und unauffällig
die Decke. Es kann lange dauern, aber eines Tages muß
es kommen: Die Decke kann keinen Widerstand mehr
leisten und fängt an zu bersten.»

Sehr geehrter Herr Dr. Husák,

in unseren Betrieben und Ämtern wird diszipliniert gearbeitet, die Arbeit der Bürger zeigt sichtbare Ergebnisse in dem langsam wachsenden Lebensstandard, Leute bauen Häuser, kaufen Autos, zeugen Kinder, amüsieren sich, leben.

Das alles müßte natürlich noch nicht viel bedeuten, was den Erfolg oder Mißerfolg Ihrer Politik beträfe: nach jeder gesellschaftlichen Unruhe kehren die Leute am Ende immer zu ihrer alltäglichen Arbeit zurück, weil sie einfach leben wollen; sie tun es letzten Endes für sich und nicht für diese oder jene Staatsführung.

Die Menschen bei uns beschränken sich jedoch nicht darauf, daß sie ihrer Arbeit nachgehen, einkaufen und auf ihre Art leben. Sie tun mehr: sie nehmen viele Arbeitsverpflichtungen auf, die sie erfüllen und überschreiten; sie beteiligen sich einmütig an Wahlen und wählen einstimmig die vorgeschlagenen Kandidaten; sie arbeiten aktiv in verschiedenen politischen Organisationen; sie nehmen an Versammlungen und Manifestationen teil; sie äußern ihre Unterstützung all dem, was sie unterstützen sollen; man kann nirgends Zeichen der Mißbilligung von irgendeiner Maßnahme der Regierung beobachten.

Diese Tatsache kann man natürlich nicht einfach übergehen; man muß sich schon ernst die Frage stellen: bestätigt denn das alles nicht, daß es Ihnen gelungen ist, erfolgreich das Programm zu verwirklichen, das sich Ihre Führung gestellt hatte, nämlich sich die Unterstützung der Bevölkerung zu sichern und die Verhältnisse im Lande zu konsolidieren?

Die Antwort hängt davon ab, was wir unter dem Begriff Konsolidierung verstehen.

Sollten als einziger Maßstab der Konsolidierung Zahlen aus verschiedenen Statistiken oder amtlichen und polizeilichen Meldungen über die politische Aktivität der Bürger und ähnliches gelten, dann können wir kaum die Konsolidierung bei uns anzweifeln. Was aber, wenn wir unter Konsolidierung etwas mehr verstehen wollen – nämlich den wirklichen inneren Zustand der Gesellschaft? Was, wenn wir auch nach anderen, vielleicht subtileren und nicht so leicht berechenbaren, deshalb aber nicht weniger bedeutenden Dingen zu fragen anfangen, nämlich danach, was vom Standpunkt der persönlichen menschlichen Erfahrungen hinter diesen Zahlen steckt? Was, wenn wir uns auch solche Fragen stellen würden, wie zum Beispiel: Was wurde für die moralische und geistige Erneuerung der Gesellschaft, für die Entfaltung wirklich menschlicher Dimensionen des Lebens, für die Erhebung des Menschen auf eine höhere Stufe seiner Würde, für seine tatsächlich freie und authentische Selbstverwirklichung in der Welt getan?

Was werden wir feststellen, wenn wir auf diese Weise unsere Aufmerksamkeit von dem Komplex der nur äußerlichen Erscheinungen zum Komplex ihrer inneren Ursachen und Folgen, ihrer Bindungen und Bedeutungen richten, kurzum zu jener tieferen Ebene der Wirklichkeit,

auf der diese Phänomene erst ihren gemeinsamen menschlichen Sinn erlangen können? Können wir auch dann unsere Gesellschaft als konsolidiert betrachten?

Ich nehme mir die Freiheit, zu behaupten, daß wir es
nicht können. Ich nehme mir die Freiheit, zu behaupten,
daß trotz aller positiv anmutenden Äußerlichkeiten unsere
Gesellschaft nicht nur nicht konsolidiert ist, sondern im
Gegenteil in eine immer tiefere Krise gelangt, in eine
Krise, die in mancher Hinsicht gefährlicher ist als alle Krisen, die wir aus unserer modernen Geschichte kennen. Ich
werde versuchen, meine Behauptung zu begründen.

Die grundsätzliche Frage, die man sich stellen muß, lautet: *Warum* eigentlich benehmen sich die Menschen so, wie
sie sich benehmen; warum tun sie all das, was in seiner
Gemeinsamkeit diesen imposanten Eindruck einer total
einheitlichen Gesellschaft macht, die total ihre Regierung
unterstützt? Ich denke, daß die Antwort für jeden unvor-
eingenommenen Beobachter klar ist: sie werden dazu von
der *Angst* getrieben. Aus Angst, daß er seine Stellung verliert, lehrt ein Lehrer in der Schule Dinge, an die er nicht
glaubt; aus Angst um seine Zukunft wiederholt sie der
Schüler; aus Angst, daß er nicht weiter studieren können
wird, geht ein junger Mensch in den Jugendverband und
macht da alles, was man von ihm verlangt; aus Angst, daß
sein Sohn oder seine Tochter nicht genug Punkte erreicht,
die man bei einem monströsen politischen Punktsystem
zur Aufnahme in eine Schule haben muß, übernimmt der
Vater verschiedene Funktionen und macht «freiwillig» alles, was verlangt wird. Aus Angst vor den möglichen Folgen beteiligen sich die Menschen an den Wahlen, wählen
die vorgeschlagenen Kandidaten und tun, als ob sie diesen
Ritus für echte Wahlen hielten; aus Angst um ihre Existenz, Stellung oder Karriere besuchen sie Versammlun-

gen, geben ihre Stimmen ab für alles, was sie abstimmen sollen, oder aber mindestens schweigen sie; aus Angst geben sie verschiedene demütigende Selbstkritik- und Reueerklärungen ab und füllen verlogen eine Menge von demütigenden Fragebogen aus; aus Angst, daß sie jemand anzeigt, äußern sie nicht öffentlich und oft nicht einmal privat ihre wahren Ansichten. Aus Angst vor möglichen Existenzschwierigkeiten, im Bestreben, ihre Stellung zu verbessern und den höheren Organen zu gefallen, übernehmen die Werktätigen in den meisten Fällen ihre freiwilligen Arbeitsverpflichtungen; aus den gleichen Motiven gründen sie sogar oft Brigaden der sozialistischen Arbeit, im voraus wissend, daß ihr Hauptzweck darin besteht, daß man über sie Meldungen an die höheren Instanzen schickt. Aus Angst beteiligen sich die Menschen an verschiedenen offiziellen Feiern, Manifestationen und Umzügen. Aus Angst, daß man ihnen ihre weitere Arbeit unmöglich macht, bekennen sich viele Wissenschaftler und Künstler zu Ideen, an die sie in Wirklichkeit nicht glauben, schreiben Dinge, hinter denen sie nicht stehen oder von denen sie wissen, daß sie unwahr sind, treten offiziellen Organisationen bei und beteiligen sich an Arbeiten, von deren Wert sie die schlechteste Meinung haben, oder aber sie verstümmeln und deformieren ihre Werke selbst. Im Bestreben, sich selbst zu retten, denunzieren viele Menschen andere Leute dafür, daß sie das getan haben, was sie selbst mit ihnen zusammen taten. Die Angst, von der ich spreche, kann man sich aber nicht als Angst im geläufigen psychologischen Sinne vorstellen, das heißt einfach als eine bestimmte konkrete Emotion: wir sehen um uns herum meistens keine Leute, die vor Angst wie Espenlaub zittern, sondern ganz zufriedene und selbstsicher aussehende Bürger. Es handelt sich um eine Angst in einem

38

tieferen – ich würde sagen – ethischen Sinne: nämlich um
eine mehr oder weniger bewußte Beteiligung am kollektiven Bewußtsein der permanenten und allgegenwärtigen
Bedrohung; man macht sich Sorgen darüber, was bedroht
ist oder bedroht werden könnte; man gewöhnt sich allmählich an diese Bedrohung als an einen substantiellen Bestandteil der normalen Welt; man eignet sich immer selbstverständlicher und geschickter verschiedene Formen der
äußerlichen Anpassung an, als einzige produktive Art des
Selbstschutzes.

Die Angst ist natürlich nicht der einzige Baustein der
gegenwärtigen Gesellschaftsstruktur.

Nichtsdestoweniger ist und bleibt sie das wichtigste Element, das Grundelement, ohne das man jene äußerliche
Einigkeit, Disziplin und Einmütigkeit nicht erreichen
könnte, auf die die offiziellen Dokumente ihre Behauptung
von der Konsolidierung unserer Verhältnisse stützen.

Es entsteht natürlich die Frage, wovor haben die Menschen eigentlich Angst? Vor Prozessen? Vor Foltern? Vor
Enteignung? Vor Deportation? Vor Hinrichtungen? Ganz
bestimmt nicht – diese brutalsten Formen des Drucks einer
gesellschaftlichen Macht auf den Bürger wurden zum
Glück, zumindest in unseren Verhältnissen, von der Geschichte weggeschwemmt. Der heutige Druck hat feinere
und erlesenere Formen; obwohl es auch heute politische
Prozesse gibt (und ihre Manipulierung durch die Macht
ist jedem bekannt), stellen sie nur noch die extremste Gefahr dar. Das Hauptgewicht wurde auf das Gebiet des Existenzdrucks verlegt. Das Wesen der Sache ändert sich dadurch nicht sehr: es ist bekannt, daß der absolute Wert der
Bedrohung nie so wichtig ist wie ihr relativer Wert; es geht
nicht so sehr darum, was der Mensch objektiv verlieren
kann, vielmehr darum, was für eine subjektive Bedeutung

es für ihn hat, vom Standpunkt der Welt, in der er lebt, und ihrer Wertskala. Das heißt, wenn der Mensch heute Angst hat, daß er zum Beispiel die Möglichkeit, in seinem Beruf zu arbeiten, verliert, kann diese Angst genauso stark sein und ihn zu gleichen Taten verleiten wie unter anderen historischen Bedingungen die Angst vor dem Konfiszieren des Vermögens. Die Methode des Existenzdrucks ist dabei sogar in gewissem Sinne universaler: es gibt nämlich bei uns keinen einzigen Bürger, der nicht existentiell (im breitesten Sinne des Wortes) betroffen werden könnte; jeder hat was zu verlieren und jeder hat also Grund zur Angst. Die Skala dessen, was ein Mensch verlieren kann, ist umfangreich: von den verschiedenen Privilegien der herrschenden Schicht und den besonderen Möglichkeiten, die die Macht verleiht, über die Möglichkeit der ruhigen Arbeit, des Aufstiegs und des Geldverdienens im Beruf, über die Möglichkeit, überhaupt in seinem Beruf zu arbeiten, über die Möglichkeit, zu studieren, bis zu der Möglichkeit, mindestens auf jener Stufe der beschränkten Rechtssicherheit zu leben, wie andere Bürger auch, und nicht in jene besondere Schicht abzusteigen, für die nicht einmal jene Gesetze gelten, die für die anderen gültig sind, nicht unter die Opfer der tschechoslowakischen politischen Apartheid zu fallen.

Ja, jeder hat etwas zu verlieren, selbst dem letzten Hilfsarbeiter kann eine noch schlechtere und schlechter bezahlte Arbeit zugeteilt werden, auch er kann schwer draufzahlen, wenn er bei einer Versammlung oder in der Kneipe seine wahre Meinung sagt.

Dieses System des Existenzdrucks, das lückenlos die ganze Gesellschaft und jeden Bürger erfaßt, sei es als eine konkrete alltägliche Androhung oder als allgemeine Bedrohung, könnte aber nicht erfolgreich funktionieren, hätte es nicht – genauso wie jene überwundenen brutaleren Formen des Drucks – seinen natürlichen Machthintergrund in jener Kraft, die ihm die Universalität, Komplexität und Gewalt sichert: in der allgegenwärtigen und allmächtigen Staatspolizei. Diese gespenstische Spinne hat nämlich die ganze Gesellschaft mit ihren unsichtbaren Fäden umsponnen, sie ist der extreme Fluchtpunkt, in dem sich letzten Endes alle Angstlinien überschneiden, sie ist das letzte und unwiderlegbare Argument für die Hoffnungslosigkeit aller Versuche der Bürger, sich der gesellschaftlichen Macht zu stellen. Obwohl die meisten Leute dieses Spinnennetz in den meisten Fällen weder sehen noch fassen können, weiß selbst der einfältigste Bürger von seiner Existenz, rechnet in jedem Moment und überall mit seiner stillen Anwesenheit und benimmt sich entsprechend, das heißt so, daß er vor den heimlichen Augen und Ohren bestehen kann. Und er weiß genau, warum er bestehen muß: dazu, daß die Spinne in sein Leben eingreift, muß der Mensch nicht unbedingt direkt in ihre Fänge geraten; man muß gar nicht verhört, angeklagt, gerichtet oder bestraft werden. Denn auch seine Vorgesetzten sind von diesen Spinnenfäden gefesselt, und jede Instanz, die über sein Schicksal entscheidet, arbeitet in dieser oder jener Form mit der Staatspolizei zusammen oder muß mit ihr zusammenarbeiten. So reicht allein die Tatsache, daß die Staatspolizei eigentlich zu jeder Zeit in das Leben eines Menschen eingreifen kann – und daß man sich gegen diesen Eingriff nicht wehren kann –, dazu, daß das Leben des Menschen einen Teil seiner Natürlichkeit und Authentizität verliert und zu einer Art dauerhafter Verstellung wird.

So wie die Angst im Hintergrund des selbstschützenden Bestrebens des Menschen steht, das zu retten, was er besitzt, so kann man immer häufiger beobachten, daß zum Hauptmotor seines aggressiven Bestrebens, das zu erreichen, was er bisher nicht besitzt, *Egoismus* und *Karrierismus* wird.

Es scheint mir, daß in der letzten Zeit selten ein Gesellschaftssystem so offen und so hemmungslos jenen Gelegenheiten bot, die bereit sind, sich wann immer und zu was immer zu bekennen, sobald es ihnen persönlichen Vorteil bringt; prinzipien- und rückgratlosen Menschen, die aus Machtsucht und Eigennutz alles zu tun bereit sind; Menschen von lakaiischem Wesen, denen keine Selbsterniedrigung zu tief ist und die immer bereit sind, ihre Nächsten und die eigene Ehre zu opfern, um den Mächtigen zu gefallen. Unter diesen Umständen ist es kein Zufall, daß eben heute so viele öffentliche und Machtfunktionen von bekannten Karrieristen, Opportunisten, Hochstaplern und Menschen mit unsauberer Vergangenheit besetzt sind. Oder einfach von typischen Kollaborateuren, das heißt von denjenigen, die eine besondere Fähigkeit besitzen, in jeder denkbaren Situation immer wieder sich selbst zu überzeugen, daß sie durch ihre schmutzige Arbeit «etwas retten» oder mindestens verhindern, daß schlechtere Menschen ihre Posten übernehmen.

Unter diesen Umständen ist es schließlich auch kein Zufall, daß die Korrumpiertheit verschiedener öffentlicher Funktionäre, ihre Bereitschaft, ganz offen und für alles mögliche Bestechungsgelder zu nehmen und bei jeder Entscheidung schamlos aus eigennützigen Motiven zu handeln, eben heute die höchste Stufe seit Jahrzehnten erreichte.

Menschen, die aufrichtig alles glauben, was die offizielle Propaganda sagt und die die Regierung uneigennützig unterstützen, gibt es heute weniger als je. Dafür gibt es immer mehr Heuchler – in gewissem Sinne wird eigentlich jeder Bürger gezwungen, ein Heuchler zu sein.

Diese unerfreuliche Situation hat ihre logischen Ursachen: Selten hat sich in den letzten Jahren das Regime so wenig für die wahren Ansichten der äußerlich loyalen Bürger und für die Aufrichtigkeit ihrer Äußerungen interessiert – man braucht zum Beispiel nur zu betrachten, wie bei den verschiedenen Selbstkritiken und Reuebekundungen eigentlich niemanden interessiert, ob die Leute das aufrichtig oder nur des Vorteils wegen tun; man könnte sogar sagen, daß man mehr oder weniger automatisch mit der zweiten Alternative rechnet, ohne darin etwas Unmoralisches zu sehen; ja, wenn man Menschen zu solchen Erklärungen überredet, argumentiert man vorwiegend mit den persönlichen Vorteilen, die sie bringen – niemand versucht den Reuigen zu überzeugen, daß er irrte, man versucht ihn meistens nur zu überzeugen, daß er bereuen muß, um sich zu retten; die Chancen, die sich ihm dadurch öffnen, werden dabei farbig übertrieben, und der bittere Nachgeschmack, der ihm nach so einer Reueerklärung im Mund bleibt, wird bagatellisiert und zum Trugbild erklärt. Sollte sich ein Sonderling finden, der so etwas aufrichtig tun und das durch Ablehnung der entsprechenden Belohnung beweisen würde, würde er höchstwahrscheinlich auch dem Regime selbst verdächtig werden.

Man kann sogar sagen, daß wir auf eine gewisse Art alle offen bestochen werden: Wenn du im Betrieb die oder jene Funktion übernimmst (natürlich nicht als Dienst für die anderen, sondern als Dienst für die Betriebsleitung), erhältst du dafür die und die Vorteile. Wenn du dem Jugendverband beitrittst, bekommst du das Recht und die Mittel für bestimmte Arten deiner Freizeitgestaltung. Wenn du als Künstler oder Literat an bestimmten offiziellen Unter-

43

nehmungen teilnimmst, wirst du mit bestimmten wirklichen schöpferischen Gelegenheiten entlohnt werden. Denken kannst du, was du willst, nur wenn du äußerlich zustimmst, wenn du keine Schwierigkeiten machst, wenn du dein Interesse für die Wahrheit und für dein Gewissen unterdrückst, werden dir alle Türen weit geöffnet.

Wurde aber zum Grundprinzip der gesellschaftlichen Geltung das *Prinzip der äußerlichen Adaptation gemacht* – welche Eigenschaften werden dadurch wohl in den Menschen mobilisiert und welche Art von Menschen kommt wohl in den Vordergrund?

Irgendwo zwischen der von der Angst diktierten Abwehr vor der Welt und der vom Eigennutz diktierten Eroberung der Welt liegt ein Gebiet, das man nicht außer acht lassen darf, weil es das moralische Klima der heutigen «einheitlichen Gesellschaft» bedeutend mitgestaltet. Dieses Gebiet ist die *Gleichgültigkeit* und alles, was mit ihr zusammenhängt.

Nach den neuesten historischen Erschütterungen und nachdem sich das heutige System im Land stabilisiert hat, scheinen die Menschen den Glauben an die Zukunft, an die Möglichkeit der Verbesserung der öffentlichen Angelegenheiten, an den Sinn des Kampfes für Wahrheit und Recht verloren zu haben. Sie geben alles auf, was außerhalb des Rahmens ihrer alltäglichen materiellen Sorgen liegt; sie suchen die verschiedensten Wege, sich von der Gesellschaft abzukapseln; sie verfallen der Apathie, dem Desinteresse an überpersönlichen Werten, dem Desinteresse an ihren Mitmenschen, der geistigen Passivität und Depression. Und wer noch versucht, sich dem entgegenzustellen, zum Beispiel dadurch, daß er das Prinzip der Verstellung als Ausgangspunkt der Existenz ablehnt – weil er den Wert der Selbstverwirklichung, die durch Selbstentfremdung bezahlt wird, bezweifelt –, kommt er der immer gleichgültiger gewordenen Umgebung als Sonderling vor, als Narr, als Don Quijote – schließlich wird er zwangsläufig auch mit gewissem Unwillen aufgenommen, wie jeder, der sich anders benimmt als die anderen und bei dem noch die Gefahr besteht, daß er durch sein Verhalten seiner Umgebung einen kritischen Spiegel vorhält. Oder – das ist die zweite Möglichkeit – die gleichgültig gewordene Allgemeinheit schließt einen solchen Einzelgänger zum Schein aus ihren Reihen aus oder meidet ihn, wie man es von ihr verlangt, heimlich und privat aber sympathisiert sie mit ihm, hoffend, daß sie durch solche Sympathie mit jemandem, der sich so benimmt, wie sie sich selbst benehmen sollte, aber es nicht kann, ihr Gewissen rettet.

Diese Gleichgültigkeit ist aber – paradoxerweise – ein sehr aktiver gesellschaftlicher Faktor: Ist es etwa nicht so, daß viele zu den Wahlurnen, zu den Versammlungen, in die offiziellen Organisationen eher aus Gleichgültigkeit als aus Angst gehen? Ist denn das scheinbar so erfolgreiche Funktionieren der politischen Unterstützung des Regimes nicht oft eine Angelegenheit der Routine, der Gewohnheit, des Automatismus und der Bequemlichkeit, hinter denen nichts anderes steckt als die totale Resignation? An all jenen politischen Ritualen teilzunehmen, an die man nicht glaubt, hat zwar keinen Sinn, aber es sichert einem mindestens seine Ruhe – was für einen Sinn hätte es eigentlich gehabt, an ihnen nicht teilzunehmen? Erreichen kann man dadurch nichts, und der Mensch wird noch dazu seine Ruhe verlieren.

Die meisten Menschen leben ungern in einem Dauerkonflikt mit der gesellschaftlichen Macht, um so mehr, als so ein Konflikt zwangsläufig mit der Niederlage des isolierten einzelnen enden muß. Warum sollte der Mensch eigentlich nicht das tun, was man von ihm verlangt? Es kostet ja nichts – und mit der Zeit hört man überhaupt auf, darüber nachzudenken, es ist ja nicht einmal einen Gedanken wert.

Hoffnungslosigkeit führt zur Apathie, Apathie zur Anpassung, Anpassung zu Routinehandlungen (die dann als Beweis für die politische Aktivität der Masse dienen). Das alles zusammen bildet die zeitgenössische Vorstellung des sogenannten Normalverhaltens – eine Vorstellung, die im Grunde tief pessimistisch ist.

Je tiefer die Resignation eines Menschen ist, je mehr er die Möglichkeit, die Verhältnisse zu verbessern und überhaupt alle überpersönlichen Werte und Ziele, also die Möglichkeit, nach «außen» zu wirken, aufgibt, um so mehr wendet sich seine Energie in die Richtung, wo sie die relativ kleinsten Hindernisse findet – nach «innen». Die Menschen denken viel intensiver an sich selbst, an ihr Heim, an ihre Familie, an ihr Haus: da finden sie Ruhe, da können sie die ganze Dummheit der Welt vergessen, da können sie frei ihre schöpferischen Fähigkeiten zur Geltung bringen. Sie suchen Ausstattungen für ihre Häuser, suchen schöne Sachen, wollen ihren Wohnstandard heben, das Leben angenehm gestalten. Sie bauen Wochenendhäuser, pflegen ihre Autos, beschäftigen sich mehr mit dem Essen, der Kleidung, mit dem trauten Heim, kurzum, sie konzentrieren sich vor allem auf die materiellen Parameter ihrer privaten Existenz.

Diese soziale Orientierung hat selbstverständlich positive wirtschaftliche Folgen: unter ihrem Druck entwickelt sich die vernachlässigte Sphäre der Produktion von Konsumwaren und der Dienstleistungen; sie beeinflußt das Wachstum des allgemeinen Lebensstandards der Bevölkerung; vom ökonomischen Standpunkt bietet sie eine bedeutende Quelle dynamischer Energie, die mindestens zum Teil die Aufgaben im Bereich der Entwicklung des materiellen Wohlstands zu erfüllen vermag, die die steife bürokratisierte und wenig produktive Staatswirtschaft kaum bewältigen könnte (man braucht nur den Umfang und die Qualität des privaten und des staatlichen Wohnungsbaus zu vergleichen).

Die gesellschaftliche Macht begrüßt und unterstützt diese Verlegung des Energieeinflusses ins «Private».

Warum aber? Weil es sich günstig als Stimulans der wirtschaftlichen Entwicklung auswirkt? Sicher auch deshalb. Aber der ganze Geist der gegenwärtigen Propaganda und Praxis, die unauffällig, aber systematisch diese Orientierung «nach innen» zum eigentlichen Inhalt der menschlichen Realisierung in der Welt erheben, verrät allzu klar, warum der gesellschaftlichen Macht in der Wirklichkeit diese Richtung der Energieanwendung so willkommen ist: vor allem als das, was dieses Phänomen ursprünglich – psychologisch – ist: als Flucht aus der «öffentlichen» Sphäre. Da sie richtig ahnt, daß sich die dadurch gebundenen Kräfte – würden sie sich nach «außen» auswirken – früher oder später gegen sie richten müßten (beziehungsweise gegen die Gestalt, die sie nicht aufgeben will), zögert sie nicht, als menschliches Leben das zu verkaufen, was in der Tat nur sein verzweifelter Ersatz ist. So wird die Aufmerksamkeit der Gesellschaft – damit man sie leicht beherrschen kann – zielbewußt von ihr selbst abgelenkt, das heißt von gesellschaftlichen Angelegenheiten: man nagelt die ganze Aufmerksamkeit des Menschen an den Fußboden seiner reinen Konsuminteressen, damit er die Fähigkeit verliert zu merken, in welchem Maß man ihn geistig, politisch und moralisch immer mehr vergewaltigt. Die Reduzierung des Menschen auf einen eindimensiona-

47

len Träger der Ideale einer früheren Konsumgesellschaft soll ihn in ein nachgiebiges Objekt komplexer Manipulation verwandeln; die Gefahr, daß er sich nach irgendeiner der unzähligen und unvoraussehbaren Möglichkeiten, die er als Mensch hat, sehnen könnte, soll im Keim erstickt werden dadurch, daß man ihn zum Gefangenen des armseligen Horizonts der Möglichkeiten macht, die er als Konsument in den beschränkten Bedingungen eines zentral dirigierten Marktes hat.

Alles zeugt davon, daß die gesellschaftliche Macht sich wie ein Wesen benimmt, dessen einziges Ziel die einfache Selbsterhaltung ist: sie versucht sich auf dem Weg des geringsten Widerstandes zu erhalten, ohne darauf Rücksicht zu nehmen, womit es bezahlt wird – mit einem harten Angriff auf die menschliche Integrität, mit der brutalen Einengung des Menschen als Mensch.

Und diese gesellschaftliche Macht versucht sich daher mit besessener Beharrlichkeit durch ihre revolutionäre Ideologie zu legitimieren – eine Ideologie, in deren Mittelpunkt das Ideal der vollkommenen Befreiung des Menschen steht! Wo ist aber in Wirklichkeit der Mensch geblieben, der seine Persönlichkeit komplex, harmonisch und authentisch entfaltet, der Mensch, der von den Fesseln der entfremdenden gesellschaftlichen Mechanismen befreit ist, von der mystifizierten Hierarchie der Lebenswerte, von den formalisierten Freiheiten, von der Diktatur des Vermögens und von der fetischisierenden Macht des Geldes? Der Mensch, der die volle soziale und rechtliche Gerechtigkeit genießt, der sich schöpferisch an der wirtschaftlichen und politischen Macht beteiligt, der in seiner menschlichen Würde erhoben und zu sich selbst zurückgeführt wurde? Statt der freien wirtschaftlichen Mitbestimmung, statt der freien Beteiligung am politischen Leben und statt der freien geistigen Entfaltung wird dem Menschen letzten Endes nur die Möglichkeit geboten, frei zu entscheiden, welchen Kühlschrank oder welche Waschmaschine er sich kaufen will!

Also: Im Vordergrund die vornehme Fassade der großen humanistischen Ideale – und hinter ihr das bescheidene Familienhäuschen des sozialistischen Spießers! Auf einer Seite bombastische Losungen von dem ungeheuren Aufschwung aller Freiheiten und vom ungeheuren strukturellen Reichtum des Lebens – und auf der anderen Seite die ungeheure Eintönigkeit und Leere des Lebens, das auf Anschaffung und Besorgung reduziert ist!

Irgendwo an der Spitze der Hierarchie der Manipulationsdrucke, die aus dem Menschen einen gehorsamen Angehörigen der Konsumherde machen, steht, wie ich schon angedeutet habe, eine geheime und allmächtige Kraft: die Staatspolizei. Es ist wohl kein Zufall, daß man eben an ihr den Abgrund zwischen der ideologischen Fassade und der alltäglichen Wirklichkeit besonders anschaulich zeigen kann: jedem, der die traurige Gelegenheit hatte, am eigenen Leibe die «Arbeitshandschrift» dieser Institution kennenzulernen, muß die Erklärung ihres Sinnes, die man uns offiziell vorheuchelt, äußerst lächerlich vorkommen. Oder kann man etwa glauben, daß das schmierige Herumschnüffeln Tausender von kleinen Denunzianten, Berufsspitzeln, komplexvoller, listiger, neidischer und böswilliger Kleinbürger und Bürokraten, dieser anrüchige Klumpen aus Verrat, Alibismus, Betrügereicn, Klatsch und Intrigen – daß dies alles die Handschrift eines Arbeiters ist, der die Macht des Volkes und ihre revolutionären Errungenschaften vor den Machenschaften ihrer Feinde schützt? Wären die Dinge nicht auf den Kopf gestellt, müßte doch eben dieser zu allem bereite und vor nichts zurückschreckende

Spießer, der sein hinkendes menschliches Selbstbewußtsein durch Denunzierung seiner Mitbürger zu heilen versucht, dieser Spießer, den man so deutlich hinter der alltäglichen Praxis der Geheimpolizei als den wirklichen
geistigen Urheber ihrer «Arbeitshandschrift» spürt, der
größte Feind der wirklichen Volksmacht der Arbeiter sein!
Ich bin der Meinung, daß man diesen ganzen grotesken
Widerspruch zwischen Theorie und Praxis kaum anders
erklären kann denn als natürliche Folge der wirklichen
Aufgabe der heutigen Staatspolizei, die nicht die freie Entfaltung des Menschen vor denen zu schützen hat, die ihn
vergewaltigen, sondern umgekehrt, die Gewaltträger vor
der Bedrohung zu schützen, die jeder Versuch des Menschen, sich wirklich frei zu entfalten, für sie bedeuten
würde.

Der Widerspruch zwischen der revolutionären Lehre von
dem neuen Menschen und von der neuen Moral und der
kleinkarierten Konzeption des Lebens als Konsumglück
stellt die Frage, warum eigentlich die gesellschaftliche
Macht an ihrer Ideologie so krampfhaft festhält? Offenbar
nur deshalb, weil die Ideologie – als konventionalisiertes
Ritual- und Kommunikationssystem – ihr den Schein der
Legitimität, Kontinuität und Konsistenz gibt und ihr als
Prestigemaske für ihre pragmatische Praxis dient.

Die wirklichen konkreten Interessen dieser Praxis drin-
gen freilich zwangsläufig mit jedem Schritt in die offizielle
Ideologie ein. Aus dem tiefen Schacht des himmelhohen
Berges der ideologischen Phrasen, mit denen die gesellschaftliche Macht dauernd auf den Menschen einzuwirken
versucht und die der Mensch wegen ihres informativen
Nullwertes kaum wahrnimmt, kommt auch – als die
schließlich einzige konkrete und sinnvolle Stimme – der
realistische Rat: Mensch, um die Politik sollst du dich

nicht kümmern, das ist unser Bier, tu nur, was wir dir sagen, philosophiere nicht und steck nicht deine Nase in Sachen, die dich nichts angehen, schweige, mach deine Arbeit und kümmere dich nur um dich selbst – und du wirst glücklich sein.

Der Mensch folgt diesem Rat: die Notwendigkeit, sich um die eigene Existenz zu kümmern, ist letzten Endes das einzige, über das er sich ohne Schwierigkeiten mit seiner Regierung einigen kann. Warum soll man das also nicht ausnutzen? Besonders, wenn man ohnehin nichts anderes tun kann!

Wohin führt diese Situation, die ich zu skizzieren versuchte? Was macht ein System mit den Menschen und aus den Menschen, das sich auf Angst und Apathie stützt, das den Menschen in den Schlupfwinkel einer nur materiellen Existenz treibt und das ihm – als Hauptprinzip seiner Kommunikation mit der Gesellschaft – die Heuchelei bietet? In welchen Zustand wird die Gesellschaft durch eine Politik gebracht, deren einziges Ziel die äußerliche Ordnung und allgemeiner Gehorsam ist, egal mit welchen Mitteln und um welchen Preis dies erreicht wurde? Man muß nicht über allzu große Vorstellungskraft verfügen, um zu verstehen, daß eine solche Situation zu nichts anderem führen kann als zur allmählichen Aushöhlung aller moralischen Normen, zum Zerfall aller Kriterien des Anstands und zur weitgehenden Erschütterung des Vertrauens in den Sinn solcher Werte wie Wahrheit, Standhaftigkeit, Aufrichtigkeit, Uneigennützigkeit, Würde und Ehre. Es kann zu nichts anderem führen als zum Herabsinken der Existenz auf das Niveau des biologischen Vegetierens, also zu jener «Tiefendemoralisierung», die aus dem Verlust der Hoffnung kommt und aus der Krise des Gefühls, daß das Leben einen Sinn hat. Zu nichts anderem kann es führen als zu neuer Vergegenwärtigung jenes tragischen Aspektes der allgemeinen Situation des Menschen in der modernen technischen Zivilisation, die mit dem Verschwinden des Horizonts des Absoluten zusammenhängt und die ich *Krise der menschlichen Identität* nennen möchte.

Oder kann vielleicht der Zerfall der Identifizierung eines Menschen mit sich selbst von einem System gebremst werden, das von ihm mit so viel Härte verlangt, er soll jemand anders sein, als er ist?

Man hat Ordnung geschaffen. Für den Preis der Abtötung des Geistes, der Abstumpfung des Herzens und der Verödung des Lebens.

Es wurde die äußere Konsolidierung geschaffen – für den Preis der *geistigen und moralischen Krise der Gesellschaft.*

Das schlimmste an dieser Krise aber ist, daß sie sich ständig vertieft: man braucht sich nur ein wenig über die beschränkte Perspektive der Alltäglichkeit zu erheben, um mit Schrecken festzustellen, wie schnell wir alle die Positionen verlassen, von denen wir noch gestern ablehnten, uns zurückzuziehen. Was noch gestern im gesellschaftlichen Bewußtsein als unanständig galt, wird heute allgemein entschuldigt, morgen wird man es offenbar als normal empfinden und übermorgen vielleicht sogar als Beispiel des Anstands. Wovon wir gestern noch gesagt haben, daß wir uns daran nie gewöhnen würden, oder was wir einfach für unmöglich hielten, das wird heute ohne Verwunderung als Wirklichkeit wahrgenommen. Und was für uns vor kurzem noch selbstverständlich war, betrachten wir heute schon als Ausnahme, und in der nahen Zukunft – wer weiß – werden wir es für ein unerreichbares Ideal halten.

Die Veränderungen der Maßstäbe des «Natürlichen» und «Normalen» und die Verschiebung der moralischen Normen, die in den letzten Jahren in der Gesellschaft stattfanden, sind größer, als man im ersten Augenblick denken könnte. Hand in Hand mit der wachsenden Abstumpfung stumpft selbstverständlich auch die Fähigkeit ab, sich dieser Abstumpfung bewußt zu werden.

Es ist, als ob sich die Krankheit von den Blättern und Früchten auf den Stamm und auf die Wurzeln ausbreitet. Die Hauptgründe zu Befürchtungen liegen also im Bereich der Aussichten, die der heutige Zustand bietet.

Eine Gesellschaft entwickelt sich innerlich, bereichert und kultiviert sich vor allem dadurch, daß sie sich immer tiefer, umfangreicher und differenzierter ihrer selbst bewußt wird.

Das Hauptinstrument dieses Prozesses des *Sichselbstbewußtwerdens einer Gesellschaft* ist ihre *Kultur*. Ich meine die Kultur als konkretes Gebiet menschlicher Tätigkeit, die den allgemeinen Zustand des Geistes beeinflußt – wenn auch oft sehr indirekt – und zugleich von diesem Zustand ständig beeinflußt wird.

Es ist absolut gesetzmäßig, daß dort, wo die innere differenzierte Entwicklung der Gesellschaft durch ihre totale Beherrschung total unterdrückt wird, die Kultur an erster Stelle unterdrückt wird. Nicht nur «automatisch» als das, was von seinem ontologischen Wesen aus den Gegensatz des «Geistes» jeglicher gesellschaftlicher Manipulierung bildet, sondern auch sozusagen «programmatisch»: aus der berechtigten Furcht, daß sich die Gesellschaft vor allem eben durch die Kultur – als Instrument ihres Sichselbstbewußtwerdens – auch des Ausmaßes der ihr angetanen Vergewaltigung bewußt wird.

Durch die Kultur vertieft die Gesellschaft ihre Freiheit und entdeckt die Wahrheit – welches Interesse an der Kultur kann also eine Macht haben, deren Wesen sich in der Unterdrückung gerade jener Werte äußert? So eine Macht erkennt ja nur eine «Wahrheit» an, nämlich die, die ihr eben paßt. Und nur eine «Freiheit» wird von ihr anerkannt – die Freiheit, diese «Wahrheit» zu äußern.

Die Welt einer solchen «Wahrheit», die nicht von dem dialektischen Klima der wirklichen Erkenntnis lebt, sondern vom Klima der Machtinteressen, ist eine Welt gedanklicher Sterilität, sturer Dogmen, starrer und unbeweglicher Doktrinen und pragmatischer Willkür – dies sind ihre natürlichen Folgen.

Es ist eine Welt der Verbote, Beschränkungen und Anordnungen. Eine Welt, in der die Kulturpolitik vor allem als Tätigkeit der Kulturpolizei verstanden wird.

Es wurde schon viel darüber gesagt und geschrieben, in welch merkwürdigem Ausmaß unsere gegenwärtige Kultur verwüstet wurde; wie Hunderte von Schriftstellern und Büchern verboten wurden und Dutzende von Zeitschriften liquidiert; wie alle Editionsmöglichkeiten der Verlage und Repertoire-Möglichkeiten der Theater dezimiert wurden und alle Verbindungen zum allgemeinen Stand des Geistes abgebrochen; wie die Ausstellungsräume der Galerien ausgeplündert wurden; wie bizarr die Palette der Persekution und Diskriminierung auf diesem Gebiet ist; wie alle existierenden Künstlerorganisationen und viele wissenschaftliche Institute zerstört wurden und durch eine Art von Attrappen ersetzt, die von einer Handvoll aggressiver Sektierer, von berüchtigten Karrieremachern, von unverbesserlichen Feiglingen und von ehrgeizigen Niemanden verwaltet werden, die im allgemeinen Vakuum ihre große Chance ergriffen haben. Ich werde dies alles nicht noch einmal beschreiben, ich versuche eher, über manche tieferen Aspekte dieses Zustandes, die mit dem Thema meines Briefes zusammenhängen, nachzudenken.

Erstens: So schlecht die heutige Situation auch ist, bedeutet es nicht, daß die Kultur überhaupt nicht vorhanden wäre. Die Theater spielen, das Fernsehen sendet jeden Tag und auch Bücher erscheinen. Diese öffentlichen legalen Kulturerscheinungen haben jedoch grundsätzlich eines gemeinsam: die allgemeine *Veräußerlichung*. Diese Veräußerlichung entsteht durch die weitgehende Entfremdung der Kultur von ihrem eigenen Wesen, durch ihre totale *Kastrierung eben als Instrument des menschlichen, also auch des gesellschaftlichen Sichselbstbewußtwerdens*.

Und wenn auch heute irgendein Wert von unzweifelhafter Souveränität entsteht, zum Beispiel – um auf dem Gebiet der Kunst zu bleiben – eine ausgezeichnete schauspielerische Leistung, dann entsteht dieser Wert eher als etwas, was nur deshalb toleriert wird, weil es subtil und sublimiert, also vom Standpunkt der Macht in bezug auf den Prozeß der gesellschaftlichen Selbsterkenntnis relativ harmlos ist. Aber auch hier – sobald dieser Bezug bemerkbar wird – fängt die gesellschaftliche Macht an, sich instinktiv zu wehren. Es sind Fälle bekannt, daß ein guter Schauspieler eigentlich nur deshalb verboten wurde, weil er zu gut war.

Das interessiert mich aber in diesem Zusammenhang nicht. Mich interessiert, wie sich jene Veräußerlichung auf den Gebieten auswirkt, die über Mittel verfügen, die menschliche Welterfahrung viel unmittelbarer zu formulieren und somit die Funktion des gesellschaftlichen Sichselbstbewußtwerdens viel sichtbarer erfüllen.

Ich werde ein Beispiel nennen. Sagen wir, daß ein literarisches Werk erscheint, ein Theaterstück, dem man Geschick, Suggestivität, Einfallsreichtum und Sinn nicht absprechen kann – das passiert ab und zu. Mögen solche Werke sonst ganz unterschiedlich sein, einer Sache kann man immer und absolut sicher sein: ob es schon die Zensur oder die Selbstzensur bewirkt, ob es dem Naturell des Autors oder seiner Selbsttäuschung, seiner Resignation oder Berechnung zu verdanken ist, solche Werke überschreiten nie, nicht um einen Zentimeter den fetischisierten Rahmen des konventionellen, banalen, also im Grunde verlogenen gesellschaftlichen Bewußtseins. Als authentische Welterfahrung wird nur der Schein dieser Erfahrung vorgegeben und angenommen, ein Schein, der aus einem Sammelsurium von oberflächlichen, verharmlosten und abgegriffenen Bruchteilen der Erfahrung besteht beziehungsweise aus den toten Schatten einer Erfahrung, die von dem gesellschaftlichen Bewußtsein schon längst aufgenommen und in ihm domestiziert wurde. Trotzdem, oder besser gesagt, eben deshalb, kann so ein Werk für viele Menschen amüsant, spannend, rührend und interessant sein – ohne daß es irgend etwas durch einen Blitz echter Erkenntnis erhellt, das heißt, ohne daß es etwas entdeckt, was bisher unbekannt war, etwas sagt, was bislang nicht gesagt wurde, oder etwas auf eine neue, eigenartige und wirksame Weise evidiert, was bisher nur geahnt wurde. Kurzum, so ein Werk verfälscht das Bild der realen Welt dadurch, daß es die reale Welt imitiert. Was die konkrete Gestalt jener Veräußerlichung betrifft – es ist kein Zufall, daß hier am häufigsten aus einem Faß geschöpft wird, das sich bei uns – dank der bewährten Harmlosigkeit seines Inhalts – traditionell der Gunst der gesellschaftlichen Macht erfreut, der bourgeoisen oder der proletarischen. Ich spreche von der Ästhetik der Banalität, die in den Dimensionen der biederen, kleinbürgerlichen Moral zu Hause ist – in der sentimentalen Philosophie der hausbackenen Humanität – in der Hintertreppenjovialität und der provinziellen Konzeption der Welt, die von dem Glauben an allgemeine Gutmütigkeit ausgeht. Ich spreche von jener Ästhetik, deren Rückgrat der Kult der rechtschaffenen Mittelmäßigkeit ist, die auf dem Fundament der muffigen nationalen Selbstzufriedenheit steht, die sich nach dem Prinzip des Zerredens, der Verniedlichung und Verharmlosung der Probleme richtet. Und die im Endeffekt in einem verlogenen Optimismus, der billigsten Interpretation der Losung ‹Die Wahrheit siegt›, mündet.

Werke, die die politische Ideologie der Regierung belletrisieren, gibt es heute, wie Sie wissen, sehr wenig, und sie sind in professioneller Hinsicht evident schlecht. Das kommt nicht nur daher, daß es keine Menschen gibt, die sie schaffen würden, sondern auch ganz bestimmt daher, daß sie im Grunde gesehen nicht besonders willkommen sind – mag es auch paradox vorkommen.

Vom Standpunkt der Lebenskonzeption, die heute tatsächlich gefordert wird, das heißt der Konsumkonzeption, würden solche Werke – gäbe es sie, wären sie professionell gut und schenkte ihnen jemand Beachtung – allzusehr die Aufmerksamkeit «nach außen» lenken, alte Wunden aufreißen, durch ihren allgemeinen und radikalen politischen Charakter allgemeine und radikale politische Reaktionen hervorrufen und somit allzusehr das Wasser aufwühlen, das so still und ruhig wie möglich bleiben soll. Den wirklichen Interessen der heutigen gesellschaftlichen Macht entspricht unvergleichlich besser das, was ich Ästhetik der Banalität nannte. Es umgeht nämlich die Wahrheit viel unauffälliger, annehmbarer, glaubwürdiger und wird von dem konventionellen Bewußtsein selbstverständlich viel leichter aufgenommen; es kann also viel besser die Aufgabe erfüllen, die die Konsumkonzeption des Lebens der Kultur auferlegt: nicht durch die Wahrheit beunruhigen, sondern durch Lüge beruhigen.

Selbstverständlich waren Werke solcher Art immer in

der Mehrzahl. Bisher gab es bei uns aber immer kleine Breschen, durch die Werke in die Öffentlichkeit gelangen konnten, die auf die oder jene Art authentische menschliche Selbsterkenntnis vermitteln. Diese Werke hatten es zwar nie besonders leicht – denn nicht nur die gesellschaftliche Macht wehrt sich gegen sie, sondern auch das bequeme und träge konventionelle Bewußtsein. Immer aber schafften sie es bisher, auf irgendeine rätselhafte Art und Weise, auf Umwegen, selten sofort, letzten Endes den Menschen und die Gesellschaft zu erreichen und somit die Rolle der Kultur in dem Prozeß der gesellschaftlichen Bewußtseinsbildung zu erfüllen.

Um mehr geht es auch nicht. Aber eben das scheint mir das Wichtigste zu sein. Und eben das zu unterbinden, das gelang der heutigen Regierung fast absolut – man kann beweisen, daß es zum erstenmal seit der Zeit unserer nationalen Wiedererweckung im 18. Jahrhundert der Fall ist: so präzis ist heute das System der bürokratischen Beherrschung der Kultur; einen so genauen Überblick über alle, auch die kleinsten Lücken, durch die ein bedeutendes Wort ans Licht kommen könnte, hat das Häuflein jener, die die Schlüssel zu allen Türen in ihren Taschen versteckt halten; so groß ist die Angst dieser Leute vor der Regierung und vor der Kunst.

Sie verstehen sicher, daß ich in diesem Moment nicht mehr von den umfangreichen Indizes der völlig oder teilweise verbotenen Autoren und Künstler spreche, sondern von einem viel schlimmeren Index: von dem ‹bianco-Index›, der a priori alles umfaßt, was einen originelleren Gedanken, eine tiefere Erkenntnis, eine höhere Stufe der Aufrichtigkeit, eine eigenartigere Idee, eine suggestivere Form bringen könnte. Ich spreche von dem im voraus ausgestellten Haftbefehl auf alles, was innerlich frei ist und somit – im tiefsten Sinne des Wortes – kulturell. Ich spreche von dem Haftbefehl gegen die Kultur, den Ihre Regierung herausgegeben hat.

Dies weckt wieder die Frage, die ich eigentlich von Anfang an stelle: Was bedeutet das alles in Wirklichkeit? Wohin führt es? Was soll es aus der Gesellschaft machen?

Ich will wieder ein Beispiel anführen. Wie bekannt, wurde bei uns die Mehrzahl der ehemaligen Kulturzeitschriften eingestellt. Die wenigen, die überlebten, sind so gleichgeschaltet, daß es fast keinen Sinn hat, sie zu beachten.

Was passierte dadurch?

Auf den ersten Blick eigentlich nichts. Die Gesellschaft funktioniert weiter, auch ohne all die Zeitschriften, die der Literatur, der bildenden Kunst, dem Theater, der Philosophie, der Geschichte und anderen Bereichen der Kultur gewidmet waren. Auch als sie noch existierten, entsprach ihre Zahl den latenten Bedürfnissen der Gesellschaft nicht, sie waren aber da und haben ihre Rolle gespielt. Wie vielen Menschen fehlen diese Zeitschriften heute noch? Einigen Zehntausend ihrer Abonnenten, also einem sehr geringen Teil der Gesellschaft.

Trotzdem ist es ein viel tieferer und bedeutenderer Verlust, als man von diesem quantitativen Standpunkt annehmen könnte. Die wirkliche Bedeutung dieses Verlustes ist aber – wiederum – verborgen, und man kann sie kaum in exakten Zahlen ausdrücken.

Die gewaltsame Liquidierung einer solchen Zeitschrift – sagen wir einer Revue, die sich mit den theoretischen Problemen des Theaters beschäftigt – ist nicht nur ein konkreter Nachteil für ihre konkreten Leser, sogar nicht nur ein harter Schlag für die Theaterkultur. Es ist zugleich – und vor allem – die Liquidierung eines bestimmten Selbsterkenntnisorgans der Gesellschaft und somit zwangsläufig ein Eingriff – den man schwerlich genau beschreiben kann – in das komplizierte Netz des Kreislaufs und des Stoffwechsels, der den vielschichtigen Organismus einer modernen Gesellschaft am Leben erhält; es ist ein Schlag gegen die natürliche Dynamik der Prozesse, die in diesem Organismus ablaufen; es ist eine Beeinträchtigung des Gleichgewichts zwischen den mannigfaltigen Funktionen, deren Zusammenspiel der erreichten Stufe seiner inneren Struktur entspricht. Genauso wie ein ständiger Mangel an einem bestimmten Vitamin – das vom quantitativen Standpunkt einen sehr geringen Teil der menschlichen Nahrung darstellt – die Erkrankung eines Menschen bewirken kann, so kann auch der Verlust einer einzigen Zeitschrift dem gesellschaftlichen Organismus – langfristig gesehen – einen viel größeren Schaden zufügen, als es auf den ersten Blick erscheint. Und wie groß wird der Schaden werden, wenn es sich nicht um eine, sondern im Grunde genommen um alle Zeitschriften handelt?

Man kann nämlich leicht beweisen, daß die wirkliche Bedeutung der Erkenntnis, des Denkens und des geistigen Schaffens sich in der vielschichtigen Welt einer Kulturgesellschaft nie auf die Bedeutung beschränkt, die diese Werte für jenen Personenkreis haben, der mit ihnen unmittelbar «physisch» verbunden ist, im aktiven oder passiven Tun. Dieser Personenkreis ist fast immer klein, in der Wissenschaft noch kleiner als in der Kunst, und doch kann die Erkenntnis, um die es sich handelt, im Endeffekt – vielfach vermittelt – die ganze Gesellschaft tief betreffen, so wie jeden von uns geradezu «physisch» die Politik betrifft, die mit atomarer Bedrohung rechnet, obwohl die meisten von uns jene theoretisch physikalischen Spekulationen, die zum Bau der Atombombe führten, nicht ‹physisch› erlebt haben. – Daß dies auch für humanistische Erkenntnisse gilt, beweist die Geschichte. Sie bringt zahlreiche Beispiele ungewöhnlichen kulturellen, politischen und moralischen Aufschwungs einer ganzen Gesellschaft, dessen ursprünglicher Kristallisationskern oder Katalysator auf eine Tat der gesellschaftlichen Selbsterkenntnis zurückging, die von einem ganz kleinen, exklusiven Personenkreis durchgeführt und unmittelbar «physisch» erlebt wurde. Diese Tat konnte sogar auch später außerhalb der unmittelbaren Perzeption der ganzen Gesellschaft bleiben – und trotzdem war sie die Ursache ihres Aufschwungs! Man weiß nämlich nie, wann das unscheinbare Flämmchen der Erkenntnis, im kleinen Kreis von einigen auf die Selbsterkenntnis spezialisierten Zellen des Organismus entzündet, plötzlich den Weg einer ganzen Gesellschaft beleuchtet, ohne daß die Gesellschaft je erfährt, woher das Licht kommt. Das ist aber bei weitem nicht alles: auch jene unzähligen Blitze der Erkenntnis, die die Gesellschaft als Ganze nie erleuchten werden, haben ihre tiefe gesellschaftliche Bedeutung, auch wenn diese Bedeutung nur darin liegt, *daß sie existieren*, daß sie Licht spenden *konnten*. Also auch sie gehören durch die bloße Tatsache ihres Entstehens zur Verwirklichung bestimmter gesellschaftlicher Möglichkeiten, im Sinne schöpferischer Kräfte oder einfach der Freiheit. Auch durch sie wird das kulturelle Klima mitgestaltet und mitgarantiert, das für das Entstehen bedeutenderer Blitze unentbehrlich ist. Der Freiraum des geistigen Sichselbstbewußtwerdens ist *unteilbar*. Wird ein Faden durchgeschnitten, wird der Zusammenhalt des ganzen Netzes bedroht. Dies allein beweist jene besondere, von mir schon erwähnte Verbundenheit aller feinen Prozesse in dem Organismus Gesellschaft, jene den Rahmen des Einzelfalls überragende Bedeutung jedes einzelnen Prozesses und somit auch die den Rahmen eines Einzelfalles überragende Gefährlichkeit der Unterbrechung dieses Prozesses.

Ich will nicht das ganze Problem auf diesen immer noch verhältnismäßig trivialen Aspekt reduzieren. Wird aber nicht schon allein dadurch der vernichtende Einfluß auf den gesamten geistigen und moralischen Zustand der Gesellschaft bestätigt, den jener «Haftbefehl gegen die Kultur» ausübt und, vor allem, noch ausüben wird, obwohl seine unmittelbare Wirkung eine verhältnismäßig kleine Zahl von Köpfen betrifft?

Die Tatsache, daß in den letzten Jahren in den Buchhandlungen kein einziger neuer tschechischer Roman auftauchte, der den Horizont unserer Welterfahrung bemerkbar erweitert hätte, wird sich bestimmt noch äußerlich ausdrücken – die Leser werden ja deshalb nicht demonstrieren, und etwas zum Lesen findet sich schließlich immer. Wer wagt es aber vorauszusagen, was diese Tatsache wirklich für die tschechische Gesellschaft bedeutet? Wer weiß, wie sich diese Lücke auf die geistige und moralische Atmosphäre der kommenden Jahre auswirkt? Inwiefern sie unsere Fähigkeit, «von sich zu wissen» schwächen wird? Wie tief wird solche Absenz der kulturellen Selbsterkenntnis diejenigen prägen, die erst heute anfangen, oder erst morgen anfangen werden, sich selbst zu erkennen? Wie viele Schichten Mystifikation, die sich allmählich in dem allgemeinen Kulturbewußtsein absetzen, wird man dann abbauen müssen, und bis wohin wird man zurückkehren müssen?

Wer weiß, wer, wann, woher und wie noch die Kraft findet, ein neues Flämmchen der Wahrheit anzuzünden – wenn nicht nur die Möglichkeit eines solchen Entzündens, sondern auch das *Gefühl, daß es möglich ist,* so gründlich verlorengeht?

Einige wenige Romane dieser Art, die in den Buchhandlungen fehlen, gibt es doch: sie kursieren unter den Menschen in Manuskripten. In dieser Hinsicht ist also die Lage noch nicht so hoffnungslos. Aus allem, was ich hier sage, wird klar, daß die besondere Bedeutung der Existenz eines solchen Romans auch dann besteht, wenn ihn jahrelang nicht mehr als zwanzig Leute kennen. Allein das ist von Bedeutung, daß so ein Buch existiert, daß es überhaupt geschrieben werden konnte, daß es mindestens in einem schmalen Streifen des Kulturbewußtseins lebt. Wie ist aber die Lage in Bereichen, in denen man nicht anders arbeiten kann als auf der Ebene der sogenannten legalen Strukturen? Wie kann man das wirkliche Ausmaß der Schäden feststellen, die durch die Erwürgung der interessanten Trends in Theater und Film, also in jenen Bereichen ganz besonderer, sozial stimulierender Wirkung, verursacht wurden und werden? Und wie verheerend wird sich in der langfristigen Perspektive das Vakuum auswirken, das im Bereich der humanistischen Wissenschaften, der Theorie und der sozialwissenschaftlichen Publizistik entsteht? Wer wird es wagen, die Folgen der gewaltsamen Unterbrechung verschiedener langfristiger Selbsterkenntnisprozesse vorauszusagen, die sich auf der ethischen, ontologischen und historischen Ebene abspielen und die von dem Zugang zum Quellenmaterial und von der ständigen öffentlichen Konfrontation abhängig sind? Wer kann die Folgen der gewaltsamen Unterdrückung jeglicher natürlicher Zirkulation von Informationen, Gedanken, Erkenntnissen und Werten, die gewaltsame Verhinderung der öffentlichen Kristallisierung der Standpunkte absehen?

Zusammengefaßt lautet die Frage so: Wie groß wird morgen die geistige und moralische Impotenz der Nation sein, deren Kultur man heute kastriert?

Ich befürchte, daß die verderblichen gesellschaftlichen Folgen, von konkreten politischen Interessen hervorgerufen, diese um viele Jahre überleben werden. Um so größer wird aber die historische Schuld jener sein, die die geistige Zukunft des Volkes ihren eigenen gegenwärtigen Machtinteressen geopfert haben.

Das Grundgesetz des Weltalls ist das Streben zu höherer Entropie, das Grundgesetz des Lebens dagegen ist das Streben zu höherer Strukturiertheit und der Kampf gegen die Entropie. Das Leben sträubt sich gegen jede Uniformität und Einigkeit; seine Perspektive ist nicht die «Gleichmachung», sondern die Differenzierung. Das Leben ist die Unruhe der Transzendenz, das Abenteuer des Neuen, der Aufruhr gegen den Status quo. Zum Wesen der Entfaltung des Lebens gehört das sich ununterbrochen aktualisierende Geheimnis.

Im Gegensatz dazu liegt im Wesen einer gesellschaftlichen Macht, deren Ziele auf den Schutz der eigenen Unveränderlichkeit (durch gewaltsam erzwungene Einigkeit der permanenten Zustimmung) beschränkt sind, ein tiefverwurzeltes Mißtrauen gegenüber jeglicher Mannigfaltigkeit, Eigenart und Transzendenz; ein tief verwurzelter Widerwille gegen alles, was unbekannt, unfaßbar und aktuell geheimnisvoll ist; ein tief verwurzeltes Streben nach Uniformität, Gleichmachung und Unbeweglichkeit; eine tiefe Liebe zum Status quo. Der Geist des Mechanischen verdrängt in ihr den Geist des Vitalen. Die Ordnung, um die sie sich bemüht, ist nicht die offene Suche nach immer höheren Selbstorganisierungsformen der Gesellschaft, die ihrer höheren Struktur äquivalent wären, sondern ein Herabsinken zu jenem «höchstwahrscheinlichsten Zustand», der die höchste Entropie darstellt. Eine Macht, die *zur Entropie* geht, geht *gegen die Richtung des Lebens*.

Wie wir wissen, gibt es auch bei dem Menschen einen Augenblick, in dem das Maß seiner Strukturiertheit plötzlich herabzusinken beginnt und sein Weg sich der Richtung Entropie zukehrt, also ein Augenblick, in dem der Mensch auch dem allgemeinen Gesetz des Weltalls unterliegt: es ist der Augenblick des Todes.

Irgendwo an den tiefsten Wurzeln einer gesellschaftlichen Macht, die sich auf den Weg zur Entropie gemacht hat (und die den Menschen am liebsten einer Rechenmaschine gleichmachen möchte, die man mit einem beliebigen Programm füttert und bei der man sichergehen kann, daß sie es erfüllt), steckt das *Prinzip des Todes*. Den Geruch des Todes verbreitet auch jene Vorstellung von «Ordnung», die diese Macht zu verwirklichen versucht und von deren Perspektive aus jedes Zeichen des wirklichen Lebens – eine eigenartige Tat, ein persönlicher Ausdruck, ein einzigartiger Gedanke, ein unvorgesehener Wunsch oder Einfall – zwangsläufig ein Signal von «Verwirrung», «Chaos», «Anarchie» bedeutet.

Auch unser gegenwärtiges Regime bestätigt durch seine ganze politische Praxis, deren grundsätzliche Aspekte ich hier zu beschreiben versuchte, daß die Ideen von «Ruhe», «Ordnung», «Konsolidierung», «Herausführen aus der Krise», «Aufhalten der Zersetzung», «Beruhigung der Leidenschaften» usw., die von Anfang an die Achse seines politischen Programms bildeten, letzten Endes für das Regime den gleichen sachlichen Inhalt haben wie für alle «entropischen» Regime.

Ja, es herrscht Ordnung – die bürokratische Ordnung der grauen Uniformität, die jede Eigenart abtötet; eine mechanische Ordnung, die alles Einzigartige unterdrückt; die Ordnung der dumpfen Starrheit, die die Transzendenz ausschließt. Es ist eine *Ordnung ohne Leben*.

Ja, in unserem Lande herrscht Ruhe. Ist das aber nicht die Ruhe der Leichenhalle oder des Grabes?

In einer Gesellschaft, die wirklich lebt, *geschieht* natürlich immer etwas. Das Zusammenspiel der gegenwärtigen Taten und Ereignisse mit den offenen und verborgenen Bewegungen schafft immer neue einzigartige Situationen, die nach weiteren Taten rufen und neue Bewegungen verursachen. Die geheimnisvolle Polarität von Konstantem und Wechselndem, Gesetzmäßigem und Zufälligem, Voraussehbarem und Unerwartetem im Leben wirkt sich in *der Zeit* aus und äußert sich durch *das Geschehen*. Je strukturierter dabei das gesellschaftliche Leben ist, um so strukturierter ist auch die gesellschaftliche Zeit: das Element der Eigenart und Einmaligkeit wird in ihr gestärkt. Das wiederum erhöht die Möglichkeit, die Zeit in ihrem Ablauf zu reflektieren, nämlich als nicht umkehrbaren Strom unverwechselbarer Situationen, und somit nachträglich auch besser zu verstehen, was im gesellschaftlichen Geschehen gesetzmäßig ist.

Je reicher das Leben der Gesellschaft ist, um so besser wird sie sich der Dimension der gesellschaftlichen Zeit, der *geschichtlichen Dimension* bewußt.

Mit anderen Worten, wo es einen Raum für das gesellschaftliche Geschehen gibt, da öffnet sich auch ein Raum für das gesellschaftliche Gedächtnis. Eine Gesellschaft, die lebt, hat *Geschichte*. Da aber in der Geschichte das Element der Kontinuität und Kausalität so tief mit dem Element der Einmaligkeit und Unvoraussehbarkeit verbunden ist, entsteht die Frage: Wie kann die echte Geschichte – jene ständige Quelle des «Chaos», jener ständige Unruheherd, jene freche Herausforderung der Ordnung in einer Welt existieren, die von einem ‹entropischen› Regime beherrscht wird?

Die Antwort ist klar: Sie kann in dieser Welt nicht existieren. Und existiert auch nicht – mindestens nach außen hin. Durch die Abtötung des Lebens als Leben wird die gesellschaftliche Zeit eingestellt, und die Geschichte verschwindet vom Horizont. Auch bei uns scheint es, als gäbe es von einer bestimmten Zeit an eine Geschichte. Langsam, aber sicher verlieren wir den Begriff der Zeit – wir vergessen, was wann war, was früher, was später und was überhaupt war –, und es wächst in uns das Gefühl, daß das eigentlich egal ist. Aus dem Geschehen verschwindet die Einmaligkeit, also auch die Kontinuität. Alles verschwimmt in einem eintönigen Bild des immer gleichen Kreislaufs: wir sagen, daß «nichts geschieht». Die tötende Ordnung wurde auch hier eingeführt: das Geschehen ist vollkommen geordnet und somit auch vollkommen abgetötet. Die Krise des Sinns für die Zeitfolge auf der gesellschaftlichen Ebene führt dabei auch zwangsläufig zu einer Krise im Privatleben. Indem der historische Hintergrund der Gesellschaft und somit auch der Stellung des einzelnen in der Geschichte verlorengeht, sinkt das Privatleben auf das vorgeschichtliche Niveau herab, die Zeit wird nur noch durch solche Ereignisse rhythmisiert wie Geburt, Hochzeit und Tod.

Die Krise des Gefühls für die gesellschaftliche Zeit scheint die Gesellschaft als Ganzes irgendwohin in prähistorische Zahlen zurückzuwerfen, in denen die Menschheit jahrtausendelang die gesellschaftliche Zeit nur in den Grenzen des kosmischen und meteorologischen Stereotyps wahrgenommen hat, in den Grenzen der sich ewig wiederholenden Jahreszeiten und der mit ihnen verbundenen religiösen Riten.

Die Lücke, die die beunruhigende Dimension des Geschichtlichen hinterlassen hatte, muß freilich gefüllt werden. So wird die Unordnung der wirklichen Geschichte durch die Ordnung der *Pseudogeschichte* ersetzt, deren Urheber freilich nicht das Leben der Gesellschaft ist, sondern ein amtlicher Planer. Statt Ereignissen werden uns Pseudoerzeugnisse geboten: wir leben von Jahrestag zu Jahrestag, von Feier zu Feier, von Parade zu Parade; von einem einmütigen Parteitag zu einmütigen Wahlen und von einmütigen Wahlen zu einem einmütigen Parteitag; von dem Tag der Presse bis zum Tag der Artillerie und umgekehrt. Es ist kein Zufall, daß diese Art des Geschichtsersatzes uns ermöglicht, durch einen einfachen Blick in den Kalender einen kompletten Überblick über das gesellschaftliche «Geschehen» – nicht nur in der Vergangenheit, sondern auch in der Zukunft – zu gewinnen. Und dank der Tatsache, daß der Inhalt der sich wiederholenden Rituale notorisch bekannt ist, hat eine so gewonnene Information sogar den gleichen Wert wie ein authentisches Erlebnis.

Also noch einmal: Eine vollkommene Ordnung, die jedoch durch die Rückkehr in prähistorische Zeiten erkauft wurde, und auch das noch bedingt, denn während für unsere Ahnen die wiederholten rituellen Handlungen immer wieder einen tiefen existentiellen Sinn hatten, sind sie für uns nur noch Selbstzweck und Routine. Die Regierung beharrt auf ihnen, um den Schein einer geschichtlichen Bewegung zu schaffen, der Bürger absolviert sie, um Unannehmlichkeiten aus dem Wege zu gehen.

Ein «entropisches» Regime hat die einzige Möglichkeit, in seinem Geltungsbereich die allgemeine Entropie zu stärken: durch Straffung seines eigenen Zentralismus, durch Festigung seines monolithischen Charakters, also dadurch, daß es die Gesellschaft in eine immer universalere und undurchdringlichere Zwangsjacke der eindimensionalen Manipulation zwängt. Nun bedeutet aber jeder

Schritt in diese Richtung die *Ausweitung seiner eigenen Entro-pie*: im Bestreben, die Welt unbeweglich zu machen, macht es sich selbst unbeweglich und paralysiert seine Fähigkeit, mit neuen Tatsachen konfrontiert zu werden und der Fort-bewegung des Lebens zu widerstehen. Ein ‹entropisches› Regime ist also aus seinem Wesen heraus verurteilt, in letz-ter Instanz zum *Opfer seines eigenen tötenden Prinzips* zu wer-den, zum Opfer, das am leichtesten verwundbar ist, weil ihm schicksalhaft jegliche innere Intention fehlt, die es so-zusagen zur Abwehr gegen sich selbst zwingen würde. Das Leben kann sich im Gegenteil um so erfolgreicher und ein-fallsreicher – im Geiste seiner unaufhaltbaren Fortbewe-gung gegen die Entropie – gegen die Vergewaltigung weh-ren, je schneller die vergewaltigende Macht erstarrt und verkalkt.

Dadurch, daß sie das Leben abtötet, tötet also die gesell-schaftliche Macht auch sich selbst ab – ergo auch ihre Fä-higkeit, das Leben abzutöten.

Mit anderen Worten: Man kann das Leben lange und sehr gründlich vergewaltigen, verflachen, abtöten, und trotzdem kann man es nicht zum Halten bringen. Wenn auch leise, langsam und verborgen – es geht weiter; es mag tausendmal sich selbst entfremdet werden – doch findet es wieder auf irgendeine Art zu sich selbst; es kann noch so vergewaltigt werden – doch wird es letzten Endes die Macht, die es vergewaltigt hat, überleben. Das kann nicht anders sein, denn es liegt im Kompromißcharakter jeder ‹entropischen› Macht, die das Leben nur dann unter-drückt und unterdrücken kann, wenn es irgendein Leben ist, und die letzten Endes auf das Leben existentiell ange-wiesen ist, wobei freilich das Leben existentiell nicht auf sie angewiesen ist. Die einzige Kraft, die das Leben auf unse-rem Planeten tatsächlich vernichten könnte, ist jene Kraft, die keinen Kompromiß kennt, nämlich die globale kosmische Gültigkeit des zweiten Gesetzes der Thermodynamik.

Und solange man das Leben nicht definitiv vernichten kann, kann man auch nicht die Geschichte zum Halten bringen. Unter der schweren Decke der Starre und des Pseudogeschehens fließt ihr kleiner, geheimer Strom weiter und unterwühlt langsam und unauffällig die Decke. Es kann lange dauern, aber eines Tages muß es kommen: die Decke kann keinen Widerstand mehr leisten und fängt an zu bersten.

Und das ist der Moment, in dem wieder sichtbar etwas *zu geschehen* beginnt, etwas tatsächlich *Neues* und *Einzigartiges*, etwas, was in dem Kalender des offiziellen ‹Geschehens› nicht geplant wurde; etwas, bei dem wir plötzlich nicht mehr das Gefühl haben, daß es egal sei, ob es geschieht und wann es geschieht. Etwas wirklich Historisches in dem Sinne, daß sich somit die *Geschichte* zu Wort meldet.

Auf welche Art aber kann sich die Geschichte in unseren konkreten Bedingungen ‹zu Wort melden›? Was bedeutet eigentlich diese Perspektive konkret?

Ich bin kein Historiker und kein Prophet, aber manchen Beobachtungen, die die Struktur solcher Momente betreffen, kann man sich doch nicht verschließen.

Dort, wo die Wettkämpfe um die Macht – zumindest bis zu einem gewissen Maße – offen ausgetragen werden, was die einzige wirksame Garantie der öffentlichen Kontrolle der Macht bietet (folglich auch jeglicher Freiheit des Wortes), muß die gesellschaftliche Macht, ob sie es will oder nicht, in einem ständigen und offenen Dialog mit dem Leben der Gesellschaft leben; sie ist gezwungen, laufend verschiedene Probleme zu lösen, die ihr das Leben auferlegt. Wo es keine offenen Machtkämpfe gibt (wo also gesetzmäßig früher oder später auch die Freiheit des Wortes unterdrückt wird) – und das ist bei jedem ‹entropischen Regime› der Fall –, dort paßt sich die gesellschaftliche Macht nicht dem Leben an, sondern versucht das Leben sich anzupassen. Das heißt, daß sie, anstatt die wirklichen Probleme, Widersprüche und Ansprüche des Lebens laufend und offen zu lösen, sie einfach verschleiert. Trotzdem existieren diese Widersprüche und Ansprüche irgendwo, gleichsam wie unter einem Deckel, sammeln sich an, wachsen, und in einem bestimmten Moment, wenn der Deckel sie nicht mehr aufhalten kann, brechen sie heraus. Und das ist eben jener Moment, in dem die Decke der Starrheit zerspringt und die Geschichte wieder in die Arena kommt.

Was geschieht dann eigentlich?

Die gesellschaftliche Macht hat zwar noch Kraft genug, die offene Realisierung des Drucks der Widersprüche des Lebens in der Form einer offenen Diskussion und eines offenen Machtkampfes zu verhindern, sie hat aber nicht mehr Kraft genug, diesem Druck völlig zu widerstehen.

Und so dringt das Leben mindestens dorthin ein, wohin es eindringen kann – in die geheimen Hinterzimmer der Macht –, wo es sich eine *geheime Diskussion* und einen *geheimen Machtkampf* erzwingt. Die gesellschaftliche Macht ist freilich nicht darauf vorbereitet – jeder bedeutende Dialog mit dem Leben liegt außerhalb ihres Horizonts –, und sie verfällt der Panik. Das Leben verursacht in ihren Kabinetten Verwirrung in der Gestalt von persönlichen Konflikten, Intrigen, Fallen und Duellen, ja, es dringt ein, wenn man es so sagen darf, sogar direkt in das Innere der einzelnen Repräsentanten der gesellschaftlichen Macht. Die Totenmaske der Unpersönlichkeit, die den Funktionären ihre Identifizierung mit der monolithischen Macht schenkte, fällt plötzlich ab, und hinter ihr tauchen lebendige Menschen auf, die ganz ‹menschlich› um die Macht kämpfen und, einer gegen den anderen, ums Überleben.

Es ist der bekannte Moment der Palastrevolutionen und Putsche, des plötzlichen und von außen her schwer verständlichen Wechsels der Personen in den Funktionen und der Thesen in den Reden; der Moment, in dem wirkliche oder konstruierte Verschwörungen und geheime Zentren enthüllt werden; der Moment, in dem wirkliche oder ausgedachte Verbrechen veröffentlicht werden und alte Sünden ausgegraben; der Moment, in dem man sich gegenseitig aus verschiedenen Organen ausschließt, sich gegenseitig beschmutzt, eventuell gegenseitig verhaftet und vor Gericht stellt. Bis zu diesem Moment sprechen alle Machtträger dieselbe Sprache, benutzen dieselben Phrasen, reden von denselben Zielen und von ihrer erfolgreichen Verwirklichung, und dann plötzlich zerfällt dieser monolithische Machtblock in einzelne Menschen, die man voneinander unterscheiden kann; es ist ihnen zwar ihre frühere gemeinsame Sprache geblieben, auf einmal benutzen sie sie aber dazu, sich gegenseitig zu beschuldigen. Und wir hören mit Überraschung, daß es vielen von ihnen (nämlich denen, die in dem geheimen Machtkampf besiegt wurden) gar nicht um die deklarierten Ziele ging und daß sie sie gar nicht erfolgreich verwirklicht haben, ganz im Gegenteil, während es den anderen, das heißt denen, die gesiegt haben, tatsächlich um diese Ziele geht und nur sie imstande sind, diese erfolgreich zu realisieren.

Je rationeller jener offizielle Kalender des Pseudogeschehens jahrelang aufgebaut wurde, um so irrationeller gestaltet sich dann der plötzliche Einbruch der wirklichen Geschichte. Ihre ganze, seit Jahren unterdrückte Einzigartigkeit und Unberechenbarkeit, ihr ganzes seit Jahren verleugnetes Geheimnis bricht in einem Augenblick durch.

Wir, die wir seit Jahren von keinem kleinen, alltäglichen Ereignis überrascht werden konnten, erleben jetzt eine einzige große Überraschung. Die ganze «Unordnung» der Geschichte, die jahrelang durch künstliche Ordnung unterdrückt wurde, schießt plötzlich hervor.

Als ob wir das nicht kennten! Als ob wir es nicht so viele Male in unserem Teil der Welt beobachten konnten! Ein Mechanismus, der jahrelang scheinbar tadellos arbeitet, ohne Schwankungen, ohne Komplikationen, geht über Nacht völlig in die Brüche, und eine Gruppe, die den Eindruck erweckte, als ob sie unverändert bis zum Jüngsten Tag herrschen würde, weil es keine Kraft gibt, die sie in dieser Welt der einmütigen Wahlen und einmütigen Abstimmungen in Zweifel ziehen kann, zerfällt mir nichts, dir nichts. Und wir stellen mit Überraschung fest, daß alles ganz anders war, als wir es dachten. Der Moment, in dem so ein Tornado durch die muffige Welt der stabilisierten Machtstrukturen braust, ist aber bei weitem nicht für uns alle, die außerhalb der Macht stehen, ein Grund zur Belustigung. Es geht ja immer, wenn auch mittelbar, um uns. Oder ist es etwa nicht jener leise und langfristige Druck des Lebens, der ständig unterdrückten und doch nie ganz zu unterdrückenden Bedürfnisse, Interessen, Widersprüche und Spannungen der Gesellschaft, der diese Erschütterungen der Macht immer wieder hervorruft? Was Wunder dann, daß die Gesellschaft immer wieder in solchen Augenblicken erwacht, daß sie sich an sie klammert oder sie erregt wahrnimmt, daß sie sie auf sich einwirken läßt und versucht, sie auszunutzen! Fast immer erwecken solche Erschütterungen irgendwelche Hoffnungen oder irgendwelche Befürchtungen; fast immer öffnen sie – obschon wirklich oder nur scheinbar – Raum für neue Realisierung verschiedener Kräfte und Intentionen des Lebens; fast immer beschleunigen sie verschiedene Bewegungen der Gesellschaft.

Das alles enthält freilich fast immer – eben wegen der widernatürlichen Struktur dieser Art der Konfrontation mit dem Leben, die diese plötzlichen Machterschütterungen darstellen – auch viele große und im voraus unberechenbare Risiken.

Ich versuche, eine Art solcher Risiken näher zu erklären.

Wenn sich ein Mensch jeden Tag schweigend einem unfähigen Vorgesetzten unterwirft, wenn er täglich mit ernstem Gesicht Ritualhandlungen absolviert, die ihm in der Tat lächerlich vorkommen, wenn er ohne Zögern in einen Fragebogen den Gegensatz seiner wahren Meinung schreibt und bereit ist, öffentlich sich von sich selbst loszusagen, wenn er ohne Schwierigkeiten dort Sympathie oder gar Liebe vortäuscht, wo er in Wirklichkeit nur Gleichgültigkeit oder Widerwillen empfindet, bedeutet das alles noch nicht, daß er eins der grundsätzlichen menschlichen Gefühle verloren hat, das *Gefühl der Demütigung*. Im Gegenteil: obwohl niemand darüber spricht, fühlen die Menschen sehr genau, womit ihre äußere Ruhe erkauft wird – durch ständige *Erniedrigung ihrer Menschenwürde*. Je weniger sie sich gegen diese Erniedrigung unmittelbar wehren – sei es, weil sie fähig sind, sie aus ihrem Bewußtsein zu verdrängen und sich selbst einzureden, daß eigentlich nichts Besonderes passiert, oder weil sie es einfach schaffen, die Zähne zusammenzubeißen –, um so tiefer prägt sie sich in ihr emotionales Gedächtnis ein. Wer es vermag, sich seiner Demütigung unmittelbar zu widersetzen, vermag es auch, schnell zu vergessen; wer es dagegen vermag, sie lange schweigend zu ertragen, vermag sie auch lange in Erinnerung zu behalten. So wird in Wirklichkeit nichts vergessen: all die erlittene Angst, all die erzwungene Heuchelei, die ganze peinliche und unwürdige Possenreißerei – und vielleicht vor allem das Gefühl der eigenen Feigheit –, das alles setzt sich ab und sammelt sich irgendwo am Boden des gesellschaftlichen Bewußtseins an und arbeitet dort leise weiter. Dies ist natürlich keine gesunde Situation: die Geschwüre werden nicht rechtzeitig herausoperiert, sie eitern langsam, der Eiter kann nicht aus dem Körper heraus, die Vergiftung breitet sich im ganzen Organismus aus, das natürliche menschliche Gefühl kann sich lange nicht durchsetzen, und seine langfristige Gefangenschaft im emotionalen Gedächtnis deformiert es allmählich zu einem Krampf, zu etwas Giftigem, vergleichbar dem bei unvollständiger Verbrennung entstehenden Kohlenmonoxid. Kein Wunder, daß die Lava des Lebens in dem Augenblick, in dem die Decke zerspringt, hervorsprudelt und neben dem vernünftigen Streben, Unrecht zu beseitigen und wiedergutzumachen, neben der Sehnsucht nach Wahrheit und nach Veränderungen, die den Bedürfnissen des Lebens adäquat sind, auch Elemente des galligen Hasses, der rachsüchtigen Bosheit und des fieberhaften Verlangens nach sofortiger Genugtuung für alle erlebten Demütigungen herausschwemmt. (Der überstürzte und der Situation oft unangemessene Charakter dieses Verlangens entstammt auch zum großen Teil der vagen Ahnung, daß diese Entladung eigentlich zu spät kommt, in einer Zeit, in der sie keinen Sinn mehr hat, weil sie den aktuellen Anreiz und das aktuelle Risiko verloren hat, in der sie eigentlich nur noch Ersatz ist für etwas, das in einer viel früheren Zeit passieren sollte.)

Kein Wunder, daß die Repräsentanten der gesellschaftlichen Macht, die jahrelang an absolute Zustimmung, an einmütige und bedingungslose Unterstützung, an totale Einigkeit der totalen, allgemeinen Verstellung gewöhnt waren, in einem solchen Augenblick von dem Ausbruch der unterdrückten Gefühle derart geschockt werden, daß sie sich ungeheuer bedroht fühlen und in ihrer Bedrohung – da sie sich als einzige Garanten der Existenz der Welt betrachten – auch so eine ungeheure Bedrohung für die ganze Welt sehen, daß sie nicht zögern, zu ihrer und der ganzen Welt Rettung millionenstarke fremde Armeen zu Hilfe zu rufen!

Eine solche Explosion haben wir vor kurzem erlebt. Diejenigen, die jahrelang den Menschen erniedrigten und beleidigten und die dann so geschockt waren, als sich der Mensch zu Wort meldete, nennen heute diese Zeit «Ausbruch der Leidenschaften». Welche Leidenschaften sind aber eigentlich ausgebrochen? Wer weiß, welche lange und vielseitige Demütigung dieser Explosion vorausgegangen war, und wer jenen psychologischen und sozialen Mechanismus der verspäteten Reaktion auf lange ertragene Erniedrigung versteht, müßte eher dadurch überrascht sein, wie relativ ruhig, sachlich und sogar loyal diese ganze «Explosion» verlaufen ist. Und trotzdem mußten wir – wie bekannt – für diese «Stunde der Wahrheit» teuer bezahlen.

Die heutige gesellschaftliche Macht unterscheidet sich wesentlich von der, die jener Explosion vorausgegangen war, und zwar nicht nur dadurch, daß jene sozusagen das «Original» war und diese nur seine formalisierte Imitation ist, die unfähig ist wahrzunehmen, in welchem Maße inzwischen jenes «Original» demystifiziert wurde. Der Unterschied liegt vor allem darin, daß, während die frühere Macht sich auf einen realen und keineswegs unbedeutenden sozialen Hintergrund in der Form der vertrauensvollen (wenn auch sich allmählich vermindernden) Unterstützung eines Teils der Bevölkerung stützte und auch auf eine reale und keineswegs unbedeutende (wenn auch all-

mählich schwindende) Suggestivität der ursprünglich ver-
sprochenen sozialen Perspektiven, stützt sich die heutige
nur noch und ausschließlich auf den Selbsterhaltungstrieb
der herrschenden Minderheit und auf die Angst der beherrschten Mehrheit.

Unter diesen Umständen kann man sich kaum alle
denkbaren Alternativen des Verlaufs einer eventuellen zukünftigen «Stunde der Wahrheit» vorstellen. Man kann
sich kaum vorstellen, auf welche Art die Genugtuung für
diese komplexe und offene Demütigung der ganzen Gesellschaft verlangt werden kann. Und man kann schon gar
nicht den Umfang und die Tiefe der tragischen Folgen vor-
aussehen, die diese Stunde unseren Völkern bringen könnte
und wahrscheinlich bringen müßte.

In diesem Zusammenhang muß einen stutzig machen,
wie groß die Unfähigkeit der Macht ist, die sich für die
wissenschaftlichste von allen je gewesenen ausgibt, die ele-
mentaren Gesetze ihres eigenen Funktionierens zu begreifen und aus eigener Geschichte zu lernen.

Wie man sieht, befürchtete ich nicht, daß mit dem An-
tritt der heutigen Führung das Leben in der Tschechoslowakei endet und die Geschichte definitiv aufhört. Bisher
kam in der Geschichte nach jeder Situation und nach jeder
Ära eine andere Situation und eine andere Ära. Und es war
bisher immer so – ob es zum Guten des Menschen oder zu
seinem Schaden war –, daß die neue Situation oder neue
Ära von allen Zukunftsvorstellungen der Organisatoren
und der Machthaber der vorangegangenen Epoche weit
entfernt war. Ich habe vor etwas anderem Angst. Dieser
ganze Brief spricht eigentlich davon, wovor ich wirklich
Angst habe: vor sinnlos harten und langfristigen Folgen,
die diese ganze heutige Vergewaltigung für unsere Völker
haben wird. Ich habe Angst davor, womit wir alle diese

drastische Unterdrückung der Geschichte bezahlen müssen, diese grausame und überflüssige Vertreibung des Lebens in den Untergrund der Gesellschaft und der menschlichen Seele, diese neue gewaltsame «Verschiebung» aller Möglichkeiten, auch nur ein wenig natürlich als Gesellschaft zu leben. Und wie hoffentlich aus diesem Brief ersichtlich ist, geht es mir nicht darum, was wir laufend in der Währung der alltäglichen Bitterkeit über die Vergewaltigung der Gesellschaft und Demütigung des Menschen zahlen, und auch nicht um den hohen Zoll, den wir in Gestalt des langfristigen geistigen und moralischen Verfalls der Gesellschaft zahlen müssen. Es geht mir um jenen, heute schwer vorauszusehenden Zoll, den uns allen der Augenblick abverlangen wird, in dem das nächste Mal das Leben und die Geschichte ihr Recht anmelden werden.

Die Verantwortung eines führenden Politikers für die Lage im Lande kann unterschiedlich sein und ist selbstverständlich nie absolut. Niemand herrscht allein, einen gewissen Teil der Verantwortung tragen auch die, die den führenden Politiker umgeben. Kein Land lebt in einem Vakuum. Seine Politik wird also immer auf die eine oder andere Art von der Politik anderer Länder beeinflußt. Für vieles sind natürlich immer auch die verantwortlich, die früher regiert haben und deren Politik die heutige Situation im Lande vorbestimmt hat. Schließlich sind auch die Bürger für vieles verantwortlich – obschon jeder einzeln, weil er als mündiges Wesen durch seine alltäglichen persönlichen Entscheidungen die allgemeine Situation mitgestaltet, oder alle zusammen als ein konkretes historisches und soziales Ganzes, das durch die Bedingungen, unter denen es sich entwickelt, limitiert wird, zugleich aber diese Bedingungen rückwirkend limitiert.

Trotz all dieser Beschränkungen, die selbstverständlich

auch in unserer heutigen Situation gelten, ist Ihre Verantwortung als führender Politiker noch immer groß: das Klima, in dem wir alle leben, wird von Ihnen mitbestimmt, Sie haben also auch unmittelbaren Einfluß auf die definitive Höhe des Zolls, den unsere Gesellschaft für ihre heutige ‹Konsolidierung› bezahlen wird.

In den Tschechen und Slowaken – wie in jeder Nation – leben parallel die unterschiedlichsten Voraussetzungen: wir hatten Helden, haben sie und werden sie haben, so wie wir auch Denunzianten und Verräter hatten, haben und haben werden. Wir sind fähig, unsere schöpferische Kraft und Phantasie zu entfalten, uns geistig und moralisch zu unerwarteten Taten zu steigern, für unsere Freiheit zu kämpfen und uns für andere aufzuopfern, genauso aber sind wir fähig, der totalen Gleichgültigkeit zu verfallen, uns für nichts anderes als für unseren Bauch zu interessieren und uns gegenseitig ein Bein zu stellen. Und obwohl menschliche Seelen keine Bierkrüge sind, in die man alles, was man will, einfüllen kann (diese arrogante Vorstellung vom Volk taucht oft in offiziellen Reden auf, in dieser schrecklichen Phrase, die behauptet, daß dieses oder jenes «in die Köpfe der Menschen eingetrichtert wird»), hängt doch in großem Maße von den Führern ab, welche dieser gegensätzlichen Dispositionen, die in der Gesellschaft vorhanden sind, mobilisiert werden, welchen dieser potentiellen Eigenschaften Gelegenheit zur Verwirklichung gegeben wird und welche dagegen unterdrückt werden.

Vorläufig wird das Schlechteste in uns systematisch aktiviert und entwickelt – Egoismus, Heuchelei, Gleichgültigkeit, Feigheit, Angst, Resignation, das Streben, sich aus allem persönlich herauszuhalten, ohne Rücksicht auf allgemeine Folgen.

Dabei hat auch die heutige Staatsführung die Möglichkeit, durch ihre Politik auf die Gesellschaft so einzuwirken, daß die Gelegenheit nicht dem Schlechteren von uns gegeben wird, sondern dem Besseren.

Vorläufig haben Sie alle den für Sie bequemsten und für die Gesellschaft gefährlichsten Weg gewählt: den Weg des äußeren Scheins um den Preis des inneren Verfalls, den Weg der Ausweitung der Entropie um den Preis der Abtötung des Lebens, den Weg der bloßen Verteidigung Ihrer Macht um den Preis der Vertiefung der geistigen und moralischen Krise der Gesellschaft und der systematischen Erniedrigung der menschlichen Würde.

Dabei haben Sie die Möglichkeit, auch im Rahmen Ihrer Beschränkung für die relative Verbesserung der Lage viel zu tun. Vielleicht würde es ein anstrengender Weg sein, ein weniger dankbarer, die Ergebnisse würden nicht sofort sichtbar, hier und dort muß man mit Widerstand rechnen. Es wäre jedoch vom Standpunkt der wirklichen Interessen und Perspektiven unserer Gesellschaft ein unvergleichbar sinnvollerer Weg.

Als Bürger dieses Staates fordere ich hiermit offen und öffentlich Sie und mit Ihnen alle anderen führenden Repräsentanten des heutigen Regimes auf, den Zusammenhängen, auf die ich Sie aufmerksam zu machen versuchte, Beachtung zu schenken, aus dieser Sicht das Maß Ihrer historischen Verantwortung abzuwägen und in Übereinstimmung mit ihr zu handeln.

8. April 1975   Václav Havel
                                               Schriftsteller

POLITIK UND GEWISSEN

«Doch, ‹antipolitische Politik› ist möglich. Politik ‹von unten›. Politik des Menschen, nicht des Apparates. Politik, die aus dem Herzen kommt, nicht aus der These. Es ist kein Zufall, daß diese hoffnungsvolle Erfahrung gerade hier gemacht werden muß, auf jenem trüben Riff. Unter der ‹Herrschaft des Tages› muß man bis zum Grund des Brunnens hinabsteigen, um die Sterne zu sehen.»

(1)

Als kleiner Junge habe ich einige Zeit auf dem Lande gelebt, und ich erinnere mich deutlich an eines meiner Erleb-
nisse aus dieser Zeit: Ich ging auf einem Feldweg zur
Schule in das nahe Dorf, und dabei sah ich am Horizont
den großen Kamin einer auf die Schnelle erbauten Fabrik,
die mit größter Wahrscheinlichkeit dem Krieg diente. Aus
diesem Kamin quoll dichter brauner Rauch hervor und
verteilte sich über den blauen Himmel. Und ich hatte,
wenn ich das sah, immer das intensive Gefühl, darin sei
etwas höchst Ungehöriges, weil so die Menschen den Himmel beschmutzen. Ich weiß nicht, ob zu dieser Zeit schon
die Ökologie als wissenschaftliche Disziplin existierte,
wenn es der Fall war, so wußte ich jedenfalls nichts davon.
Trotzdem hat mich dieses «Beschmutzen des Himmels»
spontan betroffen und beleidigt; mir schien sich hier der
Mensch irgendwie schuldig zu machen, etwas Wichtiges
zu zerstören, willkürlich in die natürliche Ordnung der
Dinge einzugreifen, und ein solches Verhalten werde sich
rächen müssen. Mein Widerstand gegen diese Angelegenheit war allerdings in der Hauptsache ästhetischer Natur;
von schädlichen Emissionen, die einmal Wälder sterben
lassen, Wild töten und die menschliche Gesundheit bedro-

hen werden, habe ich begreiflicherweise zu dieser Zeit nichts geahnt.

Wenn – sagen wir bei der Jagd – ein Mensch des Mittelalters etwas Derartiges am Horizont gesehen hätte, er hätte es wohl am ehesten für Teufelswerk gehalten, wäre auf die Knie gefallen und hätte für sich und die Seinen um Erlösung gebetet.

Was haben eigentlich die Welt des Menschen des Mittelalters und die des kleinen Jungen Gemeinsames? Ich meine, eine wesentliche Sache: beide sind stärker als die Mehrheit der modernen Menschen in dem verankert, was die Philosophen «Lebenswelt» oder «natürliche Welt» nennen. Sie haben sich der Welt ihrer wirklichen und persönlichen Erfahrung noch nicht entfremdet; der Welt, die ihren Morgen und ihren Abend hat, ihr «unten» (die Erde) und ihr «oben» (den Himmel), in der die Sonne täglich im Osten aufgeht, am Himmel entlangwandert und im Westen untergeht und in der die Begriffe Heim und Fremde, Gut und Böse, Schönheit und Häßlichkeit, Nähe und Ferne, Pflicht und Recht etwas sehr Lebendiges und Bestimmtes bedeuten; der Welt, die die Grenze zwischen dem kennt, was uns vertraut und bekannt ist und worum es an uns ist, sich zu sorgen, und dem, was hinter ihrem Horizont ist und vor dem wir uns nur bescheiden neigen sollen, weil es den Charakter des Geheimnisses hat. Diese Lebenswelt ist die unmittelbar von unserem «Ich» überblickte und von diesem «Ich» persönlich verbürgte Welt; es ist jene noch nicht indifferente Welt unseres Erlebens, mit der wir ganz persönlich in unserer Liebe, unserem Haß, unserer Ehrfurcht, Verachtung, Tradition und unseren Interessen und auch dem unreflektierten kulturschaffenden Fühlen verbunden sind. Es ist das Gebiet unserer unwiederholbaren, unübertragbaren und nicht zu entfremdenden Freuden und Schmerzen; die Welt, in der, durch die und für die wir irgendwie verantwortlich sind; die Welt unserer persönlichen Verantwortung. Solche Kategorien wie zum Beispiel Gerechtigkeit, Ehre, Verrat, Freundschaft, Untreue, Tapferkeit oder Mitgefühl haben in dieser Welt einen ganz konkreten, mit konkreten Menschen verbundenen und für das konkrete Leben sehr weitreichenden Inhalt; sie haben, kurz gesagt, noch Gewicht. Der Grundriß dieser Welt sind Werte, die bestehen, als ob sie von Anfang an und immerzu dagewesen wären, bevor wir über sie sprechen, bevor wir sie erforschen und zum Gegenstand unseres Fragens machen. Die innere Kohärenz gibt ihr dabei eine Art «vor-spekulativ» gegebene Voraussetzung, daß sie funktioniert und überhaupt möglich ist, weil etwas hinter ihrem Horizont existiert, weil etwas hinter ihr oder über ihr ist, etwas, was sich zwar unserem Begreifen und unserer Manipulation entzieht, was aber gerade deshalb dieser Welt einen festen Hintergrund, Ordnung und Maß gibt und was die verborgene Quelle aller Regeln, Gewohnheiten, Befehle, Verbote und Normen ist, die in ihr verpflichtend gelten. Die Lebenswelt birgt in sich von ihrem Wesen selbst her die Annahme des Absoluten, das sie begründet und begrenzt, beseelt und leitet, ohne das sie undenkbar, absurd und überflüssig wäre und das uns nur still zu respektieren bleibt; jeder Versuch, es zu verachten, es sich untertan zu machen oder sogar durch etwas anderes zu ersetzen, wird in dieser Welt als ein Ausdruck des Stolzes verstanden, für den man immer schwer bezahlen muß – wie Don Juan und Faust dafür bezahlt haben.

Der den Himmel beschmutzende Schornstein ist für mich nicht nur ein bedauernswerter Lapsus der Technik, die in ihren Rechnungen den «ökologischen Faktor» vergessen hat und die diesen ihren Fehler leicht wiedergutmachen kann mit einem entsprechenden Filter, der den Rauch von seinen Schadstoffen befreit. Er bedeutet mehr für mich: ein Symbol der Epoche, die sich bemüht, die Grenzen der Lebenswelt und ihrer Normen zu überschreiten und aus ihr ein bloßes menschliches Privatissimum zu machen, eine Sache der subjektiven Meinung, privater Gefühle, Illusionen, Vorurteile und Launen des «bloßen» Einzelnen. Einer Epoche, die die verpflichtende Bedeutung der persönlichen Erfahrung bestreitet – einschließlich der Erfahrung des Geheimnisses und des Absoluten – und an die Stelle des persönlich erfahrenen Absoluten als Maß der Welt ein neues Absolutes aufstellt, von Menschen geschaffen und in keiner Weise geheimnisvoll, ein Absolutes, befreit von den «Launen» der Subjektivität und also unpersönlich und unmenschlich, nämlich das Absolute der sogenannten Objektivität, der objektiven Verstandeserkenntnis, des wissenschaftlichen Entwurfs der Welt.

Die neuzeitliche Wissenschaft, die ihr allgemeines und allgemeingültiges Weltbild konstruiert, durchbricht also die Grenzen der Lebenswelt, die sie nur als ein Gefängnis voller Vorurteile versteht, durch die man sich hindurchschlagen muß an das Licht der objektiv verifizierten Wahrheit und die für sie bloß ein unseliges Erbe unserer zurückgebliebenen Vorfahren und der Phantasie ihrer kindlichen Unreife ist. Damit hebt sie freilich – als bloße Fiktion – auch die eigentlichen Grundlagen dieser Lebenswelt auf: sie erschlägt Gott und setzt sich auf seinen leer gewordenen Thron, auf daß sie es nun sei, die die Seinsordnung in der Hand hat, ihr einziger legitimer Verwalter; auf daß sie es sei, die weiterhin die einzige berechtigte Besitzerin aller relevanten Wahrheit ist, denn sie ist es doch, die sich erhebt über alle subjektiven Wahrheiten der einzelnen Menschen und sie durch eine bessere Wahrheit ersetzt: die übersubjektive und überpersönliche, wirklich objektive und universelle Wahrheit.

Der neuzeitliche Rationalismus und die neuzeitliche Wissenschaft, wie sehr sie auch Menschenwerk sind und sich – wie alles Menschliche – im Raum der Lebenswelt entwickelt haben, verlassen, bestreiten, degradieren und diffamieren diese Lebenswelt in voller Absicht – und kolonisieren freilich zugleich: den modernen Menschen, dessen Lebenswelt Wissenschaft und Technik schon gehörig beherrschen, stört der Rauch aus dem Schornstein nur soweit, wie ihm der Gestank in die Wohnung dringt, er ist aber entschieden darüber nicht – im metaphysischen Sinne – empört: weiß er doch, daß die Fabrik, zu der der Schornstein gehört, Dinge herstellt, die nötig sind. Als Mensch des technischen Zeitalters denkt er über eine eventuelle Verbesserung nur in den Dimensionen der Technik nach, nämlich des Filters, mit dem der Schornstein ausgestattet sein sollte.

Damit man mich wohl versteht: Weder schlage ich der Menschheit eine Auflösung der Schornsteine noch ein Verbot der Wissenschaft, noch eine allgemeine Rückkehr ins Mittelalter vor. (Im übrigen ist es kein Zufall, daß einige der tiefsten Entdeckungen der zeitgenössischen Wissenschaft seltsamerweise gerade den Mythos der Objektivität in Frage stellen und auf einem beachtenswerten Umweg zum menschlichen Subjekt und seiner Welt zurückkehren.) Ich denke nur darüber nach – in allgemeinen und sicherlich sehr schematischen Umrissen –, worin die geistige Struktur der modernen Zivilisation begründet ist und worin also auch die ureigentlichen Ursachen ihrer Krise zu suchen sind. Und wenn es mir auch in dieser Betrachtung eher um politische als um ökologische Aspekte dieser Krise geht, könnte ich vielleicht das, wovon ich bei meinem

Nachdenken ausgehe, mit noch einem ökologischen Beispiel näherbringen: Jahrhundertelang war die grundlegende Zelle der europäischen Landwirtschaft das Gut. Bei uns sagte man «grunt» dazu, was etymologisch nicht uninteressant ist: dieses aus dem Deutschen übernommene Wort bedeutet eigentlich «Grund» und hat im Tschechischen eine besondere semantische Färbung: als umgangssprachliches Synonym des tschechischen Wortes «Grund» (und Gut) betont es die «Gegründetheit» des Grundes, seine unbezweifelbare, traditionelle und vor-spekulativ gegebene Ehrenhaftigkeit und Glaubwürdigkeit. Es stimmt, die Güter waren die Quelle unzähliger unterschiedlicher sozialer Widersprüche, die mit der Zeit offenbar immer tiefer wurden, doch eins kann man ihnen wirklich nicht bestreiten: zu ihnen gehörte immer eine Art angemessene, harmonische und in jahrhundertelanger Tradition persönlich (von Generation von Bauern) erprobter und persönlich (als Ergebnis ihres Wirtschaftens) verbürgter Verankerung im Charakter des Ortes, an dem das Gut stand, und eine Art optimale Proportionalität – den Umfang und die Art all dessen betreffend, was dazuzählte: Felder, Wiesen, Raine, Wälder, Vieh, Haustiere, Gewässer, Wege usw. Das alles bildete – ohne das über Jahrhunderte hinweg auch nur ein Bauer sich wissenschaftlich damit beschäftigt hätte – ein im ganzen zufriedenstellend funktionierendes ökonomisches und ökologisches System, in dem alles mit tausenderlei Fäden gegenseitiger Zusammenhänge und sinnvoller Bindungen verbunden war, die seine Stabilität und auch die Stabilität der Ergebnisse des bäuerlichen Wirtschaftens verbürgten. (Unter anderem: der traditionelle «grunt» war – im Unterschied zu den heutigen «landwirtschaftlichen Großerzeugern» – in der Energieversorgung autark.) Soweit die frühere Landwirtschaft unter irgendwelchen allgemeinen Katastrophen litt, konnte sie nichts dafür: ungünstiges Wetter, Viehseuchen, Kriege und andere Katastrophen waren außerhalb des Einflusses des Bauern. Bei Anwendung moderner Agronomie und Gesellschaftswissenschaften können sicherlich noch tausend Dinge in der Landwirtschaft besser funktionieren: ihre Produktivität kann erhöht werden, die Schwerstarbeit des Menschen verringert werden, die schlimmsten sozialen Widersprüche können beseitigt werden. Unter der Voraussetzung natürlich, daß auch die Modernisierung eine gewisse Ehrfurcht und Demut vor der geheimnisvollen Ordnung der Natur und die daraus sich ergebende Angemessenheit zeigen wird, die der Lebenswelt der persönlichen menschlichen Erfahrung und Verantwortung eigen ist und eben nicht nur ein hochmütig-gigantomanischer und überaus brutaler Einfall der unpersönlich objektiven Wissenschaft in der Gestalt des gerade mit dem Studium fertigen Agronomen oder eines der «wissenschaftlichen Weltanschauung» huldigenden Bürokraten.

Nun ja, genau dieses zweite hat unser Land erlebt: es wurde «Kollektivierung» genannt. Es war dies ein Wirbelsturm, der vor dreißig Jahren über die tschechischen ländlichen Gebiete hinwegraste und dort keinen Stein auf dem anderen ließ. Seine Folge waren auf der einen Seite Zehntausende vom Gefängnis zerstörte Leben, Opfer, die auf dem Altar der wissenschaftlichen Utopie von den helleren Morgen gebracht wurden; auf der anderen Seite die Tatsache, daß die sozialen Widersprüche und die Schwerarbeit auf dem Lande tatsächlich weniger wurden und die landwirtschaftliche Produktion quantitativ wirklich größer geworden ist. Deshalb jedoch spreche ich nicht davon. Ich spreche jetzt aus einem anderen Grunde darüber: dreißig Jahre nach diesem Wirbelsturm, der auch die Institution des traditionellen «grunt» von der Erdoberfläche verschwinden ließ, stellt die Wissenschaft mit Erstaunen das fest, was damals schon ein halbanalphabetischer Bauer wußte: jeder Versuch, derart radikal, ein für allemal und restlos jene bescheiden respektierte Grenze der Lebenswelt mit ihrer Tradition des vorsichtigen persönlichen Überblickens aufzuheben, also sozusagen die Natur restlos in menschliche Hand zu nehmen und ihre Geheimnisse zu verlachen, kurz gesagt, Gott aufzuheben und ihn selbst zu spielen – jeder derartige Versuch muß sich für den Menschen rächen. Was dann in der Tat geschehen ist: aufgrund der gepflügten Raine und aufgelösten Gehege sind die Feldvögel eingegangen und in ihnen auch die natürlichen und umsonst arbeitenden Beschützer der Ernte vor ihren Schädlingen; die riesigen zusammengelegten Felder verschulden das jährliche Abschwemmen von Millionen von Kubikmetern Ackerboden, der in Jahrhunderten entstanden ist; die Kunstdüngung und die chemische Schädlingsbekämpfung vergiften katastrophal alle Pflanzenprodukte, den Boden und die Gewässer; die schweren Maschinen pressen systematisch den Boden zusammen, wodurch sie ihn luftundurchlässig und also unfruchtbar machen; die Kühe in gigantischen Kuhställen leiden unter Neurosen und verlieren die Milch; die Landwirtschaft nimmt immer mehr Energie von der Industrie ab (Produktion von Maschinen, Kunstdünger, steigende Kosten für den Verkehr in der Situation anwachsender lokaler Spezialisierung); usw. Kurz und gut: Die Prognosen sind erschreckend und niemand weiß, welche weiteren Überraschungen die kommenden Jahre und Jahrzehnte noch bereithalten.

Es ist paradox: Der Mensch der Ära der Wissenschaft und Technik meint, das Leben zu verbessern, weil er imstande ist, die Komplexheit der Natur und die allgemeinen

Gesetze ihres Funktionierens zu verstehen und auszunutzen – und gerade von dieser Komplexheit und von diesen Gesetzen wird er tragisch überrumpelt und überlistet. Er dachte, die Natur zu erklären und zu beherrschen – das Ergebnis ist, daß er sie zerstört und sich aus ihr ausgliedert. Was aber erwartet den «Menschen außerhalb der Natur»? Ist es doch gerade die modernste Wissenschaft, die feststellt, daß der menschliche Körper eigentlich nur eine besonders frequentierte Kreuzung von Milliarden organischer Mikrokörper und ihrer unvorstellbar komplizierten gegenseitigen Kontakte und Einflüsse ist, die zusammen jenen unglaublichen Megaorganismus bilden, der «Biosphäre» genannt wird und von dem unser Planet umgeben ist.

Nicht die Wissenschaft als solche ist schuld, sondern der Hochmut des Menschen der wissenschaftlichen Ära. Der Mensch ist eben nicht Gott, und Gott zu spielen rächt sich grausam. Er hat den absoluten Horizont seines Beziehens aufgelöst, seine persönliche, «vor-objektive» Erfahrung der Welt und sein persönliches Bewußtsein abgelehnt und das Gewissen irgendwo in das Badezimmer seiner Wohnung als etwas bloß «Intimes» verjagt, das niemanden was angeht; er hat sich seiner Verantwortung als einer «Illusion der Subjektivität» entledigt – und anstelle all dessen installierte er die – wie sich heute zeigt – von allen bisherigen gefährlichste Illusion: die Fiktion einer vom konkreten Menschsein befreiten Objektivität, das Konstrukt eines rationalen Verständnisses des Alls, ein abstraktes Schema angeblicher «historischer Notwendigkeit» und als Gipfel all dessen die Vision eines wissenschaftlich berechenbaren und rein technisch erreichbaren «Wohls aller», das nur in Forschungsinstituten ausgedacht und in Industrie- und Bürokratiefabriken in die Wirklichkeit umgesetzt zu werden braucht. Daß dieser Täuschung Millionen Menschen in wissenschaftlich geleiteten Konzentrationslagern zum Opfer fallen – das quält diesen «modernen Menschen» nicht (soweit er sich nicht zufälligerweise selbst dort befindet und dieses Milieu ihn nicht drastisch in seine Lebenswelt zurückwirft): das Phänomen des persönlichen Mitleids mit dem Nächsten gehört doch in jene aufgehobene Welt der persönlichen Vorurteile, die der WISSENSCHAFT, OBJEKTIVITÄT, HISTORISCHEN NOTWENDIGKEIT, TECHNIK, dem SYSTEM und APPARAT weichen mußte. Sie sind abstrakt und anonym, immer zweckmäßig und deshalb immer a priori unschuldig.

Und was die Zukunft angeht? Wer sollte sich persönlich dafür interessieren oder sich gar persönlich damit quälen, wenn in jenes Kabinett des Intimen bzw. geradewegs ins Reich der Märchen auch die Betrachtung der Dinge *sub specie aeternitatis* abtransportiert worden ist! Soweit der heutige Wissenschaftler daran denkt, was in zweihundert Jahren sein wird, so nur als persönlich unbeteiligter Beobachter, dem es im Grunde gleichgültig ist, ob er den Metabolismus einer Wanze, Funksignale der Pulsare oder die Erdgasvorräte des Planeten untersucht. Und der moderne Politiker? Der hat doch überhaupt keinen persönlichen Grund mehr, sich mit solchen Dingen zu befassen, besonders wenn das – falls er in einem Land wirkt, in dem Wahlen existieren – seine Chance in ihnen bedrohen sollte!

(2)

Ein tschechischer Philosoph, Václav Bělohradský, hat
überzeugend dargelegt, daß der rationalistische Geist der
modernen Wissenschaft auf einem abstrakten Vernunftbe-
griff beruht und der Voraussetzung einer unpersönlichen
Objektivität, neben seinem Vater in der Naturwissenschaft
– Galilei – auch seinen Vater in der Politik hat: es ist Ma-
chiavelli, der als erster (wenn auch mit einem Anflug bös-
artiger Ironie) die Theorie der Politik als einer rationalen
Technologie der Macht formuliert hat. Man kann sagen –
trotz aller verschlungenen historischen Peripetien –, daß
gerade hier der eigentliche Ursprung des modernen Staates und der modernen Politik zu suchen ist, also wiederum
in einem Augenblick, in dem der menschliche Verstand
sich vom Menschen zu «befreien» beginnt, von seiner persönlichen Erfahrung, seinem persönlichen Gewissen und
also auch von dem, worauf sich in den Dimensionen der
Lebenswelt jede Verantwortung einzig bezieht, nämlich
von seinem absoluten Horizont. Und wie der neuzeitliche
Wissenschaftler den konkreten Menschen als Subjekt des
Erlebens der Welt in Klammern setzt, so setzt auch immer
deutlicher der moderne Staat und die moderne Politik den
Menschen in Klammern.

Dieser Prozeß der Anonymisierung und Entpersönlichung der Macht und ihrer Reduktion auf die bloße
Technik der Leitung und Manipulation hat natürlich tausenderlei Gestalt, Varianten und Ausdrucksformen; mal
ist er verborgen und unauffällig und dann im Gegenteil
ganz offenbar, mal ist er schleichend und seine Wege sind
raffiniert verschlungen, dann wieder ist er fast brutal ge-
radlinig. Im Grunde jedoch ist es eine einzige und universelle Bewegung. Es ist eine wesenhafte Dimension der

ganzen modernen Zivilisation, erwächst unmittelbar aus ihrer geistigen Struktur, ist mit ihr in tausenderlei verzwickten Wurzeln verwachsen und von ihrem technischen Charakter, der Herdenhaftigkeit und Konsumorientierung eigentlich nicht mehr wegzudenken.

Die Herrscher und Führer als mit sich selbst identische Persönlichkeiten mit einem konkreten menschlichen Gesicht, immer noch irgendwie persönlich verantwortlich für ihre guten Taten oder Verbrechen – nehmen sie nun ihren Platz aufgrund dynastischer Tradition, des Volkswillens oder einer siegreichen Schlacht oder Intrige ein –, werden in der modernen Zeit vom Manager, Bürokraten, Apparatschik, Fachmann für Führung, Manipulation und Phrasen abgelöst, dem entpersönlichten Durchschnitt von Macht- und Funktionsbeziehungen, einem Bestandteil des staatlichen Mechanismus, in seine vorgegebene Rolle interniert, das «unschuldige» Instrument der «unschuldigen» anonymen Macht, legitimiert von Wissenschaft, Kybernetik, Ideologie, Gesetz, Abstraktion und Objektivität – also von allem anderen als der persönlichen Verantwortung für den Menschen als Person und Nächsten. Der moderne Politiker ist transparent: hinter seiner eifrigen Maske und künstlichen Sprache erblicken wir keinen Menschen, der mit seiner Liebe, Leidenschaft, Vorliebe, persönlichen Meinung, Haß, Mut oder Grausamkeit in der Ordnung der Lebenswelt verwurzelt ist; das alles hat auch er als Privatissimum in seinem Kabinett belassen; wenn wir dort etwas sehen, dann nur einen mehr oder weniger fähigen Technologen der Macht. Das System, die Ideologie und der Apparat haben dem Menschen – dem herrschenden wie dem beherrschten – das Gewissen, den natürlichen Verstand und die natürliche Sprache enteignet und damit auch sein natürliches Menschsein; die Staaten werden

Maschinen ähnlich; Menschen verwandeln sich in statistische Zusammenfassungen von Wählern, Produzenten, Konsumenten, Patienten, Touristen oder Soldaten; Gut und Böse – als Kategorien der Lebenswelt und also Überreste der Vergangenheit – verlieren in der Politik ihren realen Sinn; ihre einzige Methode wird der Zweck und das einzige Maß der objektiv verifizierbare und sozusagen mathematisierbare Erfolg. Die Macht ist a priori unschuldig, denn sie erwächst nicht aus einer Welt, in der die Worte Schuld und Unschuld irgendeinen Inhalt haben.

Ihren bisher vollkommensten Ausdruck findet diese unpersönliche Macht in den totalitären Systemen. Und wenn auch die Entpersönlichung der Macht und ihre Kolonisierung des menschlichen Bewußtseins und der Sprache hier häufig – worauf Bělohradský hinweist – erfolgreich an die außereuropäische Tradition eines «kosmologischen» Verständnisses des Reiches anknüpft (indem sie das Reich – als einzigen echten Mittelpunkt der Welt – mit der ganzen Welt identifiziert und den Menschen als ihren ausschließlichen Besitz begreift), so bedeutet dies nicht, daß die moderne unpersönliche Macht, wie sie diese Systeme zugespitzt demonstrieren, etwa eine Art außereuropäische Angelegenheit wäre. Das genaue Gegenteil ist wahr: es waren gerade Europa und der europäische Westen, die der Welt all das gegeben, ja vielfach direkt aufgezwungen haben, worauf diese Macht heute steht: von der neuzeitlichen Wissenschaft, dem Rationalismus, Szientismus, der industriellen Revolution und überhaupt der Revolution als Fanatismus der Abstraktion, über die Internierung der Lebenswelt in das Badezimmer bis zum Konsumkult, der Atombombe und dem Marxismus. Und Europa ist es – das demokratische Westeuropa –, das heute den Ergebnissen dieses seines zweideutigen Exportes ratlos gegenübersteht. Davon zeugt zum Beispiel sein gegenwärtiges Dilemma, ob es der rückwirkenden Expansion dieser Ergebnisse seiner eigenen Expansion Widerstand leisten oder vor ihr zurückweichen soll. Ob es nämlich den Raketen, die es durch die Ausfuhr ihres geistigen und technischen Potentials auf sich selbst zu richten ermöglicht hat, dadurch entgegentreten soll, daß es ähnliche und noch bessere Raketen aufstellt und somit zwar seine Entschlossenheit demonstriert, die Werte zu verteidigen, die ihm bleiben, aber damit zugleich auf ein erzwungenes und durch und durch unsittliches Spiel eingeht, oder ob es zurückweichen soll und hoffen, daß die so demonstrierte Verantwortung für das Schicksal des Planeten durch ihre magische Kraft auch die übrige Welt ansteckt.

Ich glaube, was die Beziehung Westeuropas zu den totalitären Systemen angeht, wäre der größte Fehler, den es machen könnte, der, der ihm offenbar am meisten droht: die totalitären Systeme nicht als das zu begreifen, was sie in letzter Instanz sind, nämlich als den gewölbten Spiegel der ganzen modernen Zivilisation und einen harten – und vielleicht letzten – Aufruf an diese Zivilisation zu einer Generalrevision ihres Selbstverständnisses. Von diesem Gesichtspunkt aus ist es nicht mehr wesentlich, in welcher Form Westeuropa diesen Fehler macht: ob dadurch, daß es im Geiste seiner eigenen rationalistischen Tradition totalitäre Systeme annimmt als eine Art lokal eigenartiger Versuche, für das «allgemeine Wohl» zu sorgen, denen böswillige Leute expansiven Charakter zuschreiben, oder dadurch, daß es sie – im Geiste derselben rationalistischen Tradition, diesmal in der Gestalt des machiavellistischen Verständnisses von Politik als eines Spiels um die Macht – im Gegenteil als seine äußere Bedrohung durch ausdehnungsbedürftige Nachbarn begreift, die man in die zuge-

hörigen Grenzen verweisen kann, indem man in entspre-
chender Weise Stärke demonstriert, ohne daß es nötig
wäre, sich näher mit ihnen zu befassen. Die erste dieser
Alternativen ist die des Menschen, der sich mit dem Rauch
des Schornsteins abfindet, weil er weiß, daß, wenn auch
der Rauch häßlich ist und stinkt, er letzten Endes einer
guten Sache dient: der Erzeugung allgemein benötigter
Waren. Die zweite ist im Gegensatz dazu die Alternative
des Menschen, der meint, es gehe einfach um einen technischen Fehler, den man also auch technisch beseitigen
kann: mit einem Filter oder Reiniger der Exhalation.

Die Wirklichkeit ist meiner Meinung nach leider ernster:
so wie der Schornstein, der den «Himmel beschmutzt»,
nicht nur ein technisch nicht behebbarer technischer Mangel ist bzw. der Zoll, den wir für ein besseres Konsumleben
zu entrichten haben, sondern das Symbol einer Zivilisation, die dem Absoluten entsagt, die Lebenswelt ignoriert
und deren Imperative verachtet, so sind auch die totalitären Systeme etwas weitaus Warnenderes, als der westliche Rationalismus zugeben möchte. Sie sind in der Tat
vor allem ein konvexer Spiegel seiner gesetzmäßigen Folgen. Das grotesk vergrößerte Bild seiner eigenen, tiefen
Gerichtetheit. Ein extremer Trieb seiner eigenen Entwicklung und ein warnendes Produkt seiner Expansion; eine
höchst belehrende Information über seine eigene Krise. Es
sind also nicht bloß gefährliche Nachbarn und um so weniger irgendeine Avantgarde des Fortschritts in der Welt.
Leider gerade das Gegenteil: sie sind die Vorhut der globalen Krise dieser (ursprünglich europäischen, dann euro-
amerikanischen und schließlich planetarischen) Zivilisation. Sie sind eine der möglichen futurologischen Studien
der westlichen Welt. Keineswegs in dem Sinne, daß sie sie
einmal überfallen und sich untertan machen, sondern in

einem tieferen Sinne: sie führen anschaulich vor, wohin all das münden kann, was Bělohradský die «Eschatologie der Unpersönlichkeit» nennt.

Es ist die totale Herrschaft einer aufgeblähten, anonym bürokratischen, unpersönlichen Macht, keineswegs nur mehr unverantwortlich, sondern schon außerhalb jedes Gewissens operierend; es ist eine Macht, die auf die Allgegenwart einer ideologischen Fiktion gestützt ist, die alles begründet, ohne je die Wahrheit berühren zu müssen; die Macht als ein Universum der Kontrolle, der Repression und der Angst; die Macht, die das Denken, die Moral und das Private verstaatlicht und also entmenschlicht; die Macht, die schon lange nicht mehr eine Angelegenheit einer Gruppe willkürlicher Herrscher ist, sondern jeden okkupiert und verschlingt, bis zum Schluß jeder irgendwie an ihr partizipiert, und wenn es nur durch sein Schweigen geschieht; die Macht, die eigentlich niemand mehr hat, weil im Gegenteil sie alle hat; es ist dies ein Monstrum, das nicht die Menschen leiten, sondern das im Gegenteil die Menschen durch seine «objektive» (d. h. von allen menschlichen Maßstäben einschließlich dem Verstande emanzipierte und also gänzlich irrationale) Eigenbewegung mitzieht in ein schreckenerregendes Unbekannt.

Ich wiederhole: Dies ist ein großes Memento der gegenwärtigen Zivilisation. Vielleicht glauben irgendwo irgendwelche Generale, es sei das beste, solche Systeme aus der Welt zu schaffen, und dann wäre Ruhe. Doch dies ist dasselbe, als ob ein häßliches Mädchen sich seiner Häßlichkeit entledigen wollte, indem es den Spiegel zertrümmert, der sie an ihre Häßlichkeit erinnert. Eine solche «Endlösung» als einer der typischen Träume des unpersönlichen Verstandes, der imstande ist – woran uns gerade der Begriff «Endlösung» anschaulich erinnert –, erschreckend leicht seine Träume zu verwirklichen und so die Wirklichkeit in einen dunklen Traum zu verwandeln, würde nämlich die Krise der heutigen Welt, sollte er sie überhaupt überleben, nicht nur nicht lösen, sondern im Gegenteil weitreichend vertiefen: indem er das auch so schon ziemlich belastete Konto dieser Zivilisation um den Betrag weiterer Millionen Toter belastet, würde er ihrer wesenhaften Konvergenz zur Totalität nicht wehren, sondern sie eher beschleunigen: es wäre ein Pyrrhussieg, weil gesetzmäßig die Sieger einer solchen Auseinandersetzung den besiegten Gegnern ähnlicher geworden sind, als heute überhaupt jemand bereit ist zuzugeben und fähig ist, sich vorzustellen. (Nur ein kleines Beispiel: Welch ein riesiger Archipel Gulag müßte im Interesse der Heimat, Demokratie, des Fortschritts und der Wehrdisziplin im Westen für alle die eingerichtet werden, die es ablehnten – sei es aus Naivität, aus grundsätzlicher Einstellung, aus Angst oder aus Faulheit – sich an solch einer Aktion zu beteiligen!)

Noch nie ist es gelungen, ein Böses zu beseitigen, indem man seine Symptome beseitigte. Es ist notwendig, seine Ursache zu beseitigen.

(3)

Von Zeit zu Zeit habe ich Gelegenheit, mit verschiedenen westlichen Intellektuellen zu sprechen, die in unser Land kommen und sich entschließen, dabei einen Dissidenten zu besuchen – einmal aus aufrichtigem Interesse, dem Bemühen um Verständnis und der Absicht, seine Solidarität auszudrücken, zum zweiten einfach aus Neugier: außer den gotischen und barocken Denkmälern sind Dissidenten offenbar für ausländische Touristen in dieser durchaus grauen Umwelt das einzig Interessante. Die Gespräche sind in der Regel lehrreich, man erfährt viel dabei und viel wird einem klar. Am häufigsten werden mir Fragen dieses Typs gestellt: Glauben Sie, daß Sie etwas ändern können, Sie sind doch so wenige und haben keinen Einfluß? Sind Sie gegen den Sozialismus oder wollen Sie ihn bloß verbessern? Verurteilen oder begrüßen Sie die Aufstellung der Pershing 2 und Cruise missile in Westeuropa? Was können wir für Sie tun? Was zwingt Sie, das zu tun, was Sie tun, wenn Ihnen das nur Verfolgung einträgt und Gefängnis und es keine sichtbaren Ergebnisse hat? Möchten Sie, daß in Ihrem Lande der Kapitalismus erneuert wird?

Diese Fragen sind gut gemeint, sie erwachsen aus dem Willen zu verstehen und verraten, daß denjenigen, die sie stellen, es nicht einerlei ist, wie es auf dieser Welt aussieht und wie es mit ihr ausgeht.

Trotzdem enthüllen mir gerade solche Fragen immer wieder, wie tief viele westliche Intellektuelle nicht verstehen (und in vieler Hinsicht nicht einmal verstehen können), was hier geschieht, worum es uns – damit meine ich die sogenannten «Dissidenten» – geht und was der allgemeine Sinn dieses allen ist. Nehmen wir zum Beispiel die Frage «Was können wir für Sie tun?» Sie können sicherlich viel tun: je größerer Unterstützung, Interesses und Solidarität frei denkender Menschen in der Welt wir uns erfreuen, desto geringer ist die Gefahr, daß wir eingesperrt werden, und desto größer ist auch die Hoffnung, daß unser Rufen nicht ins Leere geht. Und doch ist irgendwo in der Tiefe dieser Frage ein Mißverstehen enthalten: in der letzten Instanz geht es doch überhaupt nicht darum, uns zu helfen, einigen Dissidenten, damit wir nicht so häufig ins Gefängnis kommen! Es geht sogar nicht einmal darum, diesem Volk, Tschechen und Slowaken, zu helfen und irgendwie dafür zu sorgen, daß sie besser und freier leben können: helfen müssen sie sich vor allem selbst; auf die Hilfe anderer haben sie schon viel zu häufig gewartet, haben sich zu sehr an sie gehalten, und viel zu häufig waren sie schlecht beraten dabei: entweder wurde die ihnen zugesagte Hilfe im letzten Augenblick abgesagt, oder sie verwandelte sich in das genaue Gegenteil dessen, was von ihr erwartet wurde. Im tiefsten Sinne geht es doch um etwas anderes: um die Rettung aller, also im gleichen Maße um meine Rettung wie um die dessen, der mich fragt. Oder geht es etwa nicht um eine gemeinsame Sache? Sind etwa meine schlechten Aussichten oder im Gegenteil Hoffnungen nicht auch seine schlechten Aussichten oder Hoffnungen? Ist nicht meine Haft ein Angriff gegen ihn und sein Belogenwerden ein Angriff gegen mich? Ist nicht die Zerstörung eines Menschen in Prag die Zerstörung aller? Ist nicht die Gleichgültigkeit den Dingen hier gegenüber oder gar Illusionen über sie die Vorbereitung für dieselbe Misere anderswo? Ist nicht ihre Misere Voraussetzung für unsere Misere? Hier geht es doch überhaupt nicht um irgendeinen tschechischen Dissidenten als Person in Not, die Hilfe braucht (aus der Not könnte ich mir doch am besten selbst helfen: indem ich einfach aufhörte, «Dissident» zu sein), sondern darum, was sein unvollkommenes Bemühen und sein Schicksal sagen und bedeuten, was sie über den Stand, das Schicksal, die Chancen und die Not der Welt aussagen, worin sie Grund zum Nachdenken für andere auch von ihrem Standpunkt aus und also von unserem gemeinsamen Schicksal aus sind oder sein können, worin sie auch für diejenigen, die uns besuchen, Warnung, Aufruf, Gefahr oder Belehrung sind.

Oder die Frage nach Sozialismus und Kapitalismus! Ich gestehe, daß ich dabei immer das Gefühl habe, als ob sie aus den Tiefen des vergangenen Jahrhunderts zu mir dringe. Mir scheint, es geht schon lange nicht mehr um diese durch und durch ideologischen und semantisch vielfach unklaren Kategorien, sondern um eine ganz andere Frage, eine tiefere und alle gleich betreffende, nämlich die Frage, ob es gelingt, in irgendeiner Weise die Lebenswelt wieder als echtes Terrain der Politik zu rekonstituieren, die persönliche Erfahrung des Menschen als Ausgangsmaß der Dinge zu rehabilitieren, die Sittlichkeit der Politik und die Verantwortung dem Zweck überzuordnen, der menschlichen Gemeinschaft wieder Sinn zu geben und der menschlichen Sprache wieder Inhalt, das souveräne, integrale und würdige menschliche «Ich» wieder zum Brennpunkt des gesellschaftlichen Geschehens zu machen, das Ich, das für sich selbst einsteht, weil es sich auf etwas über sich bezieht, und das fähig ist, etwas oder im äußersten Falle alles von seinem alltäglich prosperierenden privaten Leben – dieser «Herrschaft des Tages», wie Jan Patočka * zu sagen pflegte – zu opfern, damit das Leben Sinn hat. Ob uns bei diesem sehr bescheidenen und zugleich immer aufs neue welterschütternden Kampf mit der Eigenbewegung der unpersönlichen Macht der Zufall unseres Wohnortes zur Konfrontation mit einem westlichen Manager oder östlichen Bürokraten zwingt – das ist doch wirklich nicht so wichtig! Wenn der Mensch verteidigt wird, dann gibt es noch – vielleicht – eine gewisse Hoffnung (wenn auch sicherlich in keiner Weise automatisch), daß sich sinnvollere Arten finden, seinen natürlichen Anspruch auf gesellschaftliche Mitentscheidung über seine Arbeit

---

* Einer der drei Sprecher der Charta 77, der 1977 nach zahlreichen Verhören starb. Noch sein Begräbnis war eine Demonstration der Polizeigewalt gegen die Charta 77.

und einen sozial würdigen Status mit dem erwiesenen Motor jeder Arbeit abzuwägen, nämlich dem menschlichen Unternehmungsgeist und dem Eintreten seiner Ergebnisse in nichtfiktive Marktbeziehungen. Solange jedoch der Mensch nicht verteidigt wird, wird ihn kein technischer oder organisatorischer Trick eines besseren Funktionierens der Wirtschaft retten, ähnlich wie kein Filter auf einem Fabrikschornstein die allgemeine Dehumanisierung verhindert. Wichtiger als die Frage, warum das System funktioniert, ist doch die, wie es funktioniert; oder kann es etwa recht gut beim Werk der totalen Vernichtung funktionieren?

Warum aber spreche ich hier von alldem: beim Anblick der Welt von der Stelle aus, die mir das Schicksal zugeteilt hat, kann ich mich nicht des Eindrucks erwehren, daß viele westliche Menschen immer noch wenig begreifen, worum es in diesem Moment in Wirklichkeit geht.

Wenn ich zum Beispiel erneut die beiden grundlegenden politischen Alternativen betrachte, zwischen denen heute ein westlicher Gebildeter oszilliert, scheint mir, daß sie nichts anderes sind als zwei verschiedene Arten, auf das Spiel einzugehen, das die unpersönliche Macht dem Menschen anbietet, und also nur zwei verschiedene Arten des Weges zur allgemeinen Totalisierung. Eine Variante des «Eingehens auf das Spiel» ist ein weiteres Spielen des unpersönlichen VERSTANDES mit dem Geheimnis der Materie – dieses «Gott-Spielen» –, also ein weiter fortgesetztes Erfinden und Aufstellen alles vernichtender Waffen, die zur «Verteidigung der Demokratie» bestimmt sind und nur dazu verhelfen, die Demokratie weiter auf jene «unbewohnbare Fiktion» zu degradieren, zu der auf unserer Seite Europas der Sozialismus schon lange geworden ist. Die zweite Variante des Eingehens auf dasselbe Spiel stellt umgekehrt jener verführerische Trichter dar, der so viele aufrichtige und gute Menschen mitreißt und der «Kampf für den Frieden» heißt. Sicher gilt das nicht allgemein, doch vielfach wirkt es auf mich so, als ob diesen Trichter wiederum jene hinterhältige und alles durchdringende unpersönliche Macht aufbaute und als eine Art poetischere Weise der Kolonisation seines Bewußtseins dem Menschen als Köder auslegt (Achtung: ich meine hier die unpersönliche Macht als ein Prinzip, nicht nur Moskau, das wirklich nicht die Mittel hat, um eine so umfangreiche Sache, wie es die gegenwärtige Friedensbewegung ist, zu organisieren!). Wie nämlich wäre es besser möglich, in der Welt der rationalistischen Tradition und ideologischen Konzepte einen aufrechten und freidenkenden Menschen unschädlich zu machen (diese grundlegende Bedrohung jeder unpersönlichen Macht), als ihm eine soweit möglich einfache THESE anzubieten, die alle Zeichen eines gottgefälligen Zieles trägt? Kann man sich etwas vorstellen, was das gerechte Denken wirksamer begeistern, beschäftigen, okkupieren und somit schließlich intellektuell unschädlich machen könnte als die Möglichkeit, gegen den Krieg zu kämpfen? Und kann man diese Pazifizierung geschickter erreichen als mit dem Errichten der Illusion, daß man den Krieg verhindert, wenn man die Installation von Waffen verhindert, die sowieso aufgestellt werden? Schwerlich kann man sich ein leichteres Mittel vorstellen, das menschliche Denken zu totalisieren: denn je offenbarer es ist, daß die Waffen doch aufgestellt werden, desto schneller radikalisiert, fanatisiert und entfremdet sich schließlich völlig das Denken dessen, der sich restlos mit dem Ziel identifiziert hatte, der Aufstellung dieser Waffen zu wehren! Und so befindet sich der Mensch, der mit dem edelsten Ziel auf seinen Weg geschickt wurde, schließlich dort, wo ihn die unpersönliche Macht haben muß: in den Geleisen des totalitären Denkens, wo er nicht mehr sich selbst gehört, sich seines eigenen Verstandes und Gewissens zugunsten einer weiteren «unbewohnbaren Fiktion» begibt! Wenn dieses Ziel erreicht ist, dann ist es schon Nebensache, wie diese Fiktion heißt, ob «Wohl der Menschheit», «Sozialismus» oder «Frieden». Sicher: Vom Standpunkt der Verteidigung der Interessen der westlichen Welt aus ist es nicht gerade allzu gut, wenn jemand sagt «lieber rot als tot»; nichtsdestoweniger kann man sich vom globalen (sozusagen den «Blöcken übergeordneten» respektive planetarischen) Standpunkt der unpersönlichen Macht aus – als einer in ihrer Allgegenwart wahrlich teuflischen Versuchung – nichts Besseres wünschen: eine solche Losung ist nämlich ein untrügliches Zeichen, daß derjenige, der sie ausruft, sein Menschsein als die Fähigkeit, persönlich für etwas zu bürgen, was über ihn selbst hinausragt, und also im äußersten Falle auch das Leben seinem Sinn zu opfern, aufgegeben hat.

Patočka hat einmal geschrieben, daß ein Leben, das nicht bereit ist, sich selbst für seinen Sinn zu opfern, es nicht wert ist, gelebt zu werden. Nur daß auf der Welt eines solchen Lebens und solchen «Friedens» (d. h. der «Herrschaft des Tages») am leichtesten Kriege entstehen: es fehlt in ihr nämlich der einzige und wirkliche – nämlich vom Mut zum größten Opfer verbürgte – sittliche Damm gegen sie. Der irrationalen «Interessensicherung» sind Tür und Tor geöffnet. Die Abwesenheit von Helden, die wissen, wofür sie sterben, ist der erste Schritt zu den Leichenhaufen derer, die nur noch wie Vieh geschlachtet wurden. Mit anderen Worten: Die Losung «Lieber rot als tot» irritiert mich nicht als Ausdruck der Kapitulation vor der Sowjetunion. Sie erschreckt mich als Ausdruck des Verzichts des westlichen Menschen auf den Sinn des Lebens und sein Bekenntnis zur unpersönlichen Macht als solcher. Diese Losung sagt nämlich in Wirklichkeit: Nichts lohnt das Opfer des Lebens. Nur daß ohne den Horizont des höchsten Opfers jedes Opfer seinen Sinn verliert. Oder: Es lohnt gar nichts mehr. Nichts hat Sinn. Das ist die Philosophie der reinen Negation des Menschseins. Der sowjetischen Totalität hilft eine solche Philosophie nur politisch. Die westliche Totalität jedoch wird von ihr unmittelbar geschaffen.

Ich kann mich, kurz gesagt, des Eindrucks nicht erwehren, daß die westliche Kultur viel mehr als von den SS-20-Raketen von sich selbst bedroht wird. Und als mir ein französischer Student mit aufrichtigem Glanz in den Augen gesagt hat, daß der Gulag ein Zoll an die Ideale des Sozialismus war und Solschenizyn nur ein persönlich verbitterter Mensch ist, da bemächtigte sich meiner eine tiefe Nostalgie. Ist Europa wirklich nicht fähig, aus der eigenen Geschichte zu lernen? Begreift dieser liebe Junge wirklich nicht, daß auch das suggestivste Projekt des «Allgemeinwohls» sich selbst in dem Moment der Unmenschlichkeit überführt, in dem es einen einzigen unfreiwilligen Tod fordert (keineswegs den, der bewußtes Opfer des Lebens für seinen Sinn ist), begreift er das wirklich nicht, bevor sie ihn in ein Arbeitslager irgendwo bei Toulouse sperren? Hat der Newspeak der heutigen Welt schon so vollkommen die natürliche menschliche Sprache verdrängt, daß sich zwei Menschen nicht einmal mehr die einfachste Erfahrung gegenseitig mitteilen können?

(4)

Sicherlich wird nach all dieser strengen Kritik erwartet, daß ich sage, was also eigentlich meiner Meinung nach eine sinnvolle Alternative für den westeuropäischen Menschen ist, der den politischen Dilemmata der heutigen Welt von Angesicht zu Angesicht gegenübersteht.

Wie wohl aus all dem, was ich schon gesagt habe, hervorgeht, scheint mir, daß wir alle – ob wir nun im Westen leben oder im Osten – eine grundlegende Aufgabe vor uns haben, aus der alles übrige erwachsen sollte. Diese Aufgabe besteht darin, wachsam, bedachtsam und aufmerksam, doch gleichzeitig unter vollem Einsatz seiner selbst bei jedem Schritt und überall der irrationalen Eigenbewegung der anonymen, unpersönlichen und unmenschlichen Macht der IDEOLOGIEN, SYSTEME, APPARATE, BÜROKRATIEN, KÜNSTLICHEN SPRACHEN und POLITISCHEN SCHLAGWORTE entgegenzutreten; sich gegen ihren komplexen und allseitig entfremdenden Druck zu wehren – habe er nun die Gestalt des Konsums, der Reklame, der Repression, der Technik oder der Phrase (dieser Zwillingsschwester des Fanatismus und Quelle des totalitären Denkens); ohne Rücksicht auf jegliches Verlachen seine Maßstäbe aus seiner Lebenswelt zu nehmen und auf dem ihr streitig gemachten Richtungweisenden zu bestehen; mit der Demut der Weisen ihre Grenzen und die Geheimnisse zu achten, die hinter ihr sind; sich selbst einzugestehen, daß in der Ordnung des Seins etwas ist, das offensichtlich all unsere Kompetenz übersteigt; sich immer aufs neue auf diesen absoluten Horizont unseres Seins zu beziehen, den wir – wenn wir nur ein wenig wollen – in diesem unserem Sein immer wieder neu entdecken und erfahren; in unserem Handeln von unseren persönlich verbürgten, unvoreingenommen reflektierten und ideologisch nicht zensierten Erfahrungen, Maßstäben und Imperativen auszugehen; der Stimme des Gewissens mehr zu glauben als allen abstrakten Spekulationen und sich keine andere Verantwortung zu konstruieren als die, zu der uns diese Stimme ruft; sich nicht zu schämen, daß wir der Liebe, der Freundschaft, der Solidarität, des Mitleids und der Toleranz fähig sind, sondern im Gegenteil diese grundlegenden Dimensionen unseres Menschseins aus ihrer Verbannung in den Sektor des Privaten zu befreien und sie als die einzigen echten Ausgangspunkte zu sinnvoller menschlicher Gemeinschaft anzunehmen; sich nach dem eigenen Verstand zu richten und unter allen Umständen der Wahrheit als unserer wesenhaften Erfahrung zu dienen.

Ich weiß, daß das alles sehr allgemein klingt, sehr unbestimmt und sehr irreal, ich versichere jedoch, daß diese scheinbar naiven Worte aus sehr konkreter und nicht immer leichter Erfahrung mit der Welt stammen und daß ich – wenn man mir erlaubt, mich so auszudrücken – weiß, was ich sage.

Die Vorhut der unpersönlichen Macht, die die Welt auf ihren irrationalen Weg zieht, der von zerstörter Natur und Raketenrampen gesäumt ist, sind die heutigen totalitären Systeme. Man kann sie weder nicht sehen noch entschuldigen, noch vor ihnen zurückweichen, noch auf ihr Spiel eingehen und sich so ihnen angleichen. Ich bin überzeugt, daß man ihnen am besten entgegentreten kann, indem man sie unvoreingenommen studiert, aus ihnen lernt und ihnen in seiner radikalen «Andersartigkeit» widersteht, wie sie aus dem dauernden Kampf mit diesem Bösen hervorgeht, das sie zwar so anschaulich verkörpern, das sich jedoch überall aufhält und also auch in jedem von uns. Das gefährlichste für dieses Böse sind nicht Raketen, die auf diesen oder jenen Staat gerichtet sind, sondern seine fundamentale Negierung in der Struktur des gegenwärtigen Menschseins selbst: die Rückkehr des Menschen zu sich selbst und zu seiner Verantwortung für die Welt; ein neues Verständnis der Menschenrechte und ihr andauerndes In-Anspruch-Nehmen; Widerstand gegen jede Äußerung der unpersönlichen und außerhalb von Gut und Böse gestellten Macht überall und immer, wie auch immer sie ihre Tricks und Manipulationen zu verbergen sucht, und sei es auch hinter der Notwendigkeit der Verteidigung gegen totalitäre Systeme. Der beste Widerstand gegen die Totalität ist es einfach, sie aus der eigenen Seele zu vertreiben, aus der eigenen Umgebung, aus dem eigenen Land, aus dem zeitgenössischen Menschen. Die beste Hilfe für die, die in einem totalitären Land leiden, ist es, überall auf der Welt diesem Bösen entgegenzutreten, das das totalitäre System konstituiert, woraus es seine Kraft schöpft, aus dem es erwächst als seine «Vorhut». Wenn es hier nichts mehr geben wird, dessen Vorhut oder extremer Austrieb es wäre, wird es den Boden unter den Füßen verlieren. Die erneuerte menschliche Verantwortung ist der natürlichste Damm gegen jede Verantwortungslosigkeit; wenn zum Beispiel wirklich verantwortlich – also nicht bloß unter dem Druck des egoistischen Interesses am Gewinn – das geistige und technologische Potential der entwickelten Welt verbreitet wird, dann wird auch seiner unverantwortlichen Verwandlung in Vernichtungswaffen entgegengewirkt: es ist entschieden um ein Vielfaches sinnvoller, in der Sphäre der Ursachen zu operieren, als bloß auf die Folgen zu reagieren: das geht gewöhnlich nicht mehr anders als mit Mitteln gleicher Art, also gleichermaßen unsittlichen. Diesen Weg zu gehen bedeutet nur, das Böse weiter in der Welt zu verbreiten und so genau das Gift zu produzieren, von dem der Totalitarismus lebt.

Ich bin für «antipolitische Politik». Nämlich für eine Politik nicht als Technologie der Macht und der Manipulation mit ihr oder als eine kybernetische Menschenführung oder als Kunst des Zweckmäßigen, Praktischen und der Intrige, sondern für eine Politik als eine der Arten, wie man im Leben Sinn suchen und erlangen kann; wie man es schützen und ihm dienen kann; für eine Politik als praktizierte Sittlichkeit; als Dienst an der Wahrheit; als wesenhaft menschliche und nach menschlichen Maßstäben sich richtende Sorge um den Nächsten. Es ist wahrscheinlich eine in der heutigen Welt äußerst unpraktische Art und im täglichen Leben schwer anzuwenden. Trotzdem kenne ich keine bessere Alternative.

(5)

Nachdem ich verurteilt worden war und dann meine Strafe abbüßte, erfuhr ich am eigenen Leib die Bedeutung und wohltuende Kraft internationaler Solidarität. Ich werde nie aufhören, für alle ihre Äußerungen dankbar zu sein. Trotzdem aber glaube ich nicht, daß wir, die wir unter den hiesigen Bedingungen versuchen, laut die Wahrheit zu sagen, uns in einer Art asymmetrischer Situation befinden und daß nur wir es sein sollten, die auf Dauer Hilfe fordern und erwarten, ohne fähig zu sein, in der Richtung, von der diese Hilfe kommt, selbst auch zu helfen.

Ich bin überzeugt, daß das, was im Sowjetblock «Dissens» genannt wird, eine bestimmte, spezifisch moderne Erfahrung durchmacht, nämlich die Erfahrung des Lebens am äußersten Rand der modernen entmenschlichten Macht. Als ein solcher hat dieser «Dissens» die Chance, ja die Pflicht, diese Erfahrung zu reflektieren, Zeugnis von

ihr abzulegen und sie denen zu übergeben, die das Glück
haben, sie nicht durchmachen zu müssen. Auch wir haben
also die Möglichkeit, in gewisser Weise denen zu helfen, die
uns helfen, ihnen zu helfen in unserem höchst gemeinsamen Interesse, im Interesse des Menschen.

Eine grundlegende Erfahrung dieser Art ist es, daß das,
was ich «antipolitische Politik» genannt habe, möglich ist
und daß es seinen Effekt haben kann, auch wenn es von
seinem Wesen her mit irgendeiner Art von Effekt im voraus
nicht rechnen kann. Dieser Effekt hat natürlich einen ganz
anderen Charakter als das, was man unter politischem Erfolg im Westen versteht. Er ist verborgen, indirekt, langfristig und schwer zu messen; vielfach wirkt er nur in der
unsichtbaren Sphäre des gesellschaftlichen Bewußtseins,
Gewissens und Unterbewußtseins, wobei es fast nicht fest-
stellbar sein kann, wie darin eine eventuelle gesellschaftliche Bewegung gewertet wird und wieweit er daran beteiligt ist. Es zeigt sich jedoch – und das ist, glaube ich, eine
Erfahrung von grundsätzlicher und allgemeiner Wichtig-
keit –, daß einzig der scheinbar machtlose Mensch, der es
wagt, laut ein wahres Wort auszurufen, und der mit seiner
ganzen Person und seinem ganzen Leben dahintersteht
und bereit ist, schwer dafür zu bezahlen, seltsamerweise
größere Macht hat, sei er auch formal noch so rechtlos
wie unter anderen Bedingungen Tausende von anonymen
Wählern. Es zeigt sich, daß auch in der heutigen Welt –
und sogar gerade auf diesem Riff, wo der schärfste Wind
weht – man die persönliche Erfahrung und die Lebenswelt
gegen die «unschuldige» Macht stellen und ihre Schuld
enthüllen kann – so, wie das der Autor des «Archipel Gulag» getan hat. Es zeigt sich, daß Wahrheit und Sittlichkeit einen neuen Ausgangspunkt für die Politik begründen können und auch heute ihre unstreitige politische

Kraft haben können: die warnende Stimme eines einzigen tapferen Wissenschaftlers, eingeschlossen irgendwo in der Provinz und von der aufgehetzten Umgebung terrorisiert, ist über die Kontinente hinweg zu hören und spricht das Gewissen der Mächtigsten dieser Welt mehr an, als ganze Brigaden besoldeter Propagandisten imstande sind, sich selber anzusprechen. Es zeigt sich, daß so durch und durch persönliche Kategorien wie Gut und Böse immer noch ihre eindeutige Bedeutung haben und unter bestimmten Bedingungen imstande sind, eine scheinbar unerschütterliche Macht mit ihrer ganzen Armee von Soldaten, Polizisten und Bürokraten zu erschüttern. Es zeigt sich, daß die Politik bei weitem nicht immer eine Angelegenheit professioneller Techniker der Macht bleiben muß und daß ein einfacher Elektriker, der das Herz auf dem rechten Fleck hat, etwas über sich achtet und sich nicht fürchtet, die Geschichte seines Volkes beeinflussen kann.

Doch, «antipolitische Politik» ist möglich. Politik «von unten». Politik des Menschen, nicht des Apparates. Politik, die aus dem Herzen kommt, nicht aus der These. Es ist kein Zufall, daß diese hoffnungsvolle Erfahrung gerade hier gemacht werden muß, auf jenem trüben Riff. Unter der «Herrschaft des Tages» muß man bis zum Grund des Brunnens hinabsteigen, um die Sterne zu sehen.

Als Jan Patočka über die Charta 77 schrieb, benutzte er den Begriff «Solidarität der Erschütterten». Er dachte dabei an die, die es wagten, sich der unpersönlichen Macht zu widersetzen und das einzige dagegenzusetzen, worüber sie verfügten: ihr eigenes Menschsein. Besteht nicht die Perspektive einer besseren Zukunft dieser Welt in einer Art internationalen Gemeinschaft der Erschütterten, die, ungeachtet der Grenzen von Staaten, politischen Syste-

men und Machtblöcken, außerhalb des großen Spiels traditioneller Politik und ohne Funktionen oder Sekretariate
zu beanspruchen, versucht, aus einem von den Technologen der Macht heute so verlachten Phänomen wie dem
menschlichen Gewissen eine reale politische Kraft zu machen?

ANATOMIE EINER ZURÜCKHALTUNG

«Die Ideale einer besseren Welt und die Träume davon sind eine nicht wegzudenkende Dimension jedes wirklichen Menschseins; ohne sie und ohne die Transzendenz des ‹Gegebenen›, die sie vorstellen, verliert das menschliche Leben Sinn, Würde und seine Menschlichkeit selbst.»

(1)

Es scheint, daß immer mehr westliche Friedensorganisatio-
nen sich nicht mehr an die hiesigen staatlichen Friedensaus-
schüsse als an ihre natürlichen Partner im östlichen Teil
Europas wenden, sondern an die Bürger, die in diesem
Raum über die Probleme der heutigen Welt unabhängig
von ihren Regierungen nachdenken, an die sogenannten
Dissidenten nämlich. Wir werden zu Friedenskongressen
eingeladen (daß wir nicht daran teilnehmen können, ist eine
andere Sache), Vertreter verschiedener Friedensgruppen
besuchen uns, wir werden zum Dialog und zur Zusammenarbeit aufgefordert. Das allerdings bedeutet noch nicht, daß
eine solche Haltung in der westlichen Friedensbewegung
allgemein und spontan wäre. Eher ist es umgekehrt: dort
überwiegt offensichtlich – soweit es die Beziehung zu
den osteuropäischen Dissidenten betrifft – eine gewisse
Zurückhaltung, Vorsicht, wenn nicht gar Mißtrauen und
Unwille. Die Gründe für eine solche Reserviertheit kann
man sich leicht denken: unseren Regierungen, die schließlich auf das Schicksal der Welt einen größeren Einfluß
haben als wir und mit denen also in der Hauptsache kom-
muniziert werden sollte, sind die Kontakte mit uns unan-
genehm; darüber hinaus erscheinen östliche Dissidenten

117

westlichen Friedenskämpfern wahrscheinlich als seltsam in ihre lokalen Sorgen verstrickte Menschen, die übertrieben die Menschenrechte betonen (als ob nicht wichtiger als die Menschenrechte das Überleben der Menschen wäre!), verdächtig gegen die sozialistischen Realitäten eingenommen, wenn nicht geradezu gegen die sozialistischen Ideale, als äußerst wenig kritisch gegenüber der westlichen Demokratie und vielleicht sogar – heimlich – mit den gehaßten westlichen Waffen sympathisierend. Kurz und gut – als eine östliche Residentur des westlichen Establishments.

Zurückhaltung freilich gibt es in beiden Richtungen: man kann sie auch an der Beziehung osteuropäischer Dissidenten gegenüber der westlichen Friedensbewegung beobachten. Wenn wir ihre Texte lesen, die sich mit der Friedensthematik befassen, finden wir auch in ihnen gewöhnlich irgendeine Schattierung, irgendein Maß an Zurückhaltung.

Ob ich damit zu einem besseren gegenseitigen Verständnis verhelfe, weiß ich nicht, ich sehe das eher skeptisch. Trotzdem werde ich versuchen, einige Gründe einer dieser Zurückhaltungen, nämlich der unseren, zu beschreiben.

Bei äußerlicher Betrachtung erscheinen Dissidenten als eine Art mikroskopische und ziemlich seltsame – nämlich seltsam radikale – Enklave innerhalb einer einheitlichen und ganz anders erscheinenden Gesellschaft. In gewissem Sinne sind sie wirklich eine solche Enklave: sie sind wenige, die Staatsmacht bemüht sich, den Graben zwischen ihnen und der Gesellschaft zu vertiefen, in der Tat unterscheiden sie sich in etwas von der Mehrheit der Bürger. Nämlich darin, daß sie ihre Meinungen laut und ohne Rücksicht auf die Folgen sagen. Das allerdings ist nicht so wichtig. Wichtiger ist, ob ihre Ansichten wirklich so verschieden von der Meinung der übrigen sind. Ich glaube nicht. Im Gegenteil: Fast täglich habe ich die ermutigende Möglichkeit, mich zu überzeugen, daß die Dissidenten eigentlich nichts anderes sagen, als was die überwältigende Mehrheit ihrer Mitbürger denkt. Und vergleichen wir das, was sie in ihren Artikeln schreiben, mit dem, was von ihren Mitbürgern zu hören ist (allerdings nur privat, höchstens noch im Wirtshaus), können wir uns der paradoxen Feststellung nicht erwehren, daß die Dissidenten eher zu der weniger radikalen, loyaleren und friedliebenderen Schicht der Bevölkerung gehören. Warum aber schreibe ich darüber: wenn ich über eine gewisse Zurückhaltung der Dissidenten in der Sache des Friedens nachdenken will, muß ich zunächst den gesellschaftlichen Hintergrund ihres Wirkens bedenken beziehungsweise die allgemeinen Erfahrungen, Einsichten und Gefühle, die sie reflektieren, öffentlich artikulieren oder auf ihre Weise zu Ende denken.

(2)

Vor allem muß man sich deutlich machen, daß das Wort «Friede» in unserem Teil der Welt inhaltsleer geworden ist. In der Tschechoslowakei hängen Losungen aus wie «Aufbau der Heimat – Stärkung des Friedens», «Die UdSSR – Garant des Weltfriedens», «Für die Weiterentwicklung der Friedensarbeit unseres Volkes» usw.; schon siebenunddreißig Jahre lang sind unsere Zeitungen überfüllt mit denselben Phrasen über den Frieden; müssen die Bürger in Aufmärschen dieselben Friedenstransparente tragen; schon siebenunddreißig Jahre lang betreiben einige besonders eifrige Wiederholer offizieller Thesen, die sich hier scharfsinnig als «Friedenskämpfer» professionalisiert haben, einen vom Staat bezahlten Tourismus von Friedenskongreß zu Friedenskongreß. Schon siebenunddreißig Jahre lang ist der «Kampf für den Frieden» ein nicht wegzudenkender Bestandteil der ideologischen Fassade des Systems, in dem wir leben. Aus Tausenden täglicher und ganz persönlicher Erfahrungen weiß dabei jeder Bürger, daß sich hinter dieser offiziellen Fassade eine völlig andere und immer tristere Wirklichkeit verbirgt: die Leere des Lebens in einem totalitären Staat, die Allmacht des Zentrums und die Ohnmacht der Bevölkerung. Das Wort «Frieden» – ähnlich wie die Worte «Sozialismus», «Heimat» oder «Volk» – ist nur noch eine Sprosse der Leiter, auf der geschickte Menschen nach oben steigen, und zugleich einer der Schlagstöcke, mit dem die geschlagen werden, die sich «ausgliedern». Es gehören rituelle Zauberformeln dazu, die die Regierung ständig murmelt, wobei sie tut, was sie will (bzw. was ihr zu tun angeordnet ist), und die gemeinsam mit ihr auch die Bevölkerung murmeln muß, wenn sie zumindest relative Ruhe haben will.

Kann man sich unter solchen Umständen wundern, daß dieses Wort bei den hiesigen Menschen Mißtrauen, Skepsis, Spott und Widerstand erweckt? Es ist nicht Widerstand gegen den Frieden als solchen. Es ist Widerstand gegen die Pyramide an Lügen, deren traditioneller Bestandteil dieses Wort ist.

Wie weit dieser Widerstand geht – und wie ernst er dementsprechend als soziales Phänomen genommen werden muß – kann zum Beispiel an folgendem illustriert werden: Wenn die hiesigen Dissidenten hin und wieder versuchen, öffentlich ihren Standpunkt zur Friedensproblematik auszusprechen, und sei er noch so verschieden vom Standpunkt der Regierung, so werden sie allein dadurch, daß sie sich überhaupt ernsthaft mit dem Frieden befassen, der

Öffentlichkeit ein wenig verdächtig. Und während sich zum Beispiel die Leute andere Dokumente der Charta 77 mit Interesse im ausländischen Rundfunk anhören, hinter ihnen her sind und sie abschreiben, erfreuen sich die «Friedensdokumente» ohne Rücksicht auf ihren Inhalt schon von vornherein allgemeinen Desinteresses. Kurz und gut – hört ein Bürger unseres Staates das Wort «Frieden», beginnt er zu gähnen.

Die totale Entleerung und Entwertung dieses Wortes durch die offizielle Propaganda ist allerdings nur einer – und das noch am ehesten nur ein äußerlicher – Grund für die reservierte Beziehung der Menschen hier (und daher in gewissem Maße auch der Dissidenten, die ja nicht in einem anderen Klima leben als alle anderen) zum Kampf für den Frieden und zur Friedensbewegung.

(3)

Gegen wen wird eigentlich bei uns jener offizielle «Kampf für den Frieden» geführt? Selbstverständlich gegen die westlichen Imperialisten und ihre Waffen. Das Wort «Frieden» bedeutet bei uns nämlich nichts anderes als die vorbehaltlose Zustimmung zur Politik des Sowjetblocks und die eindeutig ablehnende Beziehung zum Westen. «Westliche Imperialisten» ist nämlich in unserem «Newspeak» nicht die Bezeichnung für irgendwelche von der Vision der Welteroberung besessene Einzelne, sondern für die mehr oder minder demokratisch gewählten westlichen Regierungen und für das mehr oder weniger demokratische westliche politische System.

Fügen wir einen anderen Umstand hinzu: Unsere Massenmedien bemühen sich schon seit Jahrzehnten systematisch, den Eindruck zu erwecken, im Westen geschehe nichts anderes, als daß für den Frieden gekämpft werde – natürlich in unserem Sinne des Wortes. Oder: Die Friedensbewegung wird präsentiert als ein Ausdruck der Tatsache, daß die Menschen im Westen den Kommunismus sowjetischer Prägung gar nicht mehr erwarten können.

Was kann bei einem solchen Stand der Dinge ein normaler Mensch hier wohl denken? Daß die westlichen Friedenskämpfer den Kommunismus schon bald erleben sollten, damit er sie für ihre Naivität und Unbelehrbarkeit strafe.

Versuchen wir uns vorzustellen, was geschähe, wenn einer der jungen, begeisterten und aufrichtigen westlichen Friedenskämpfer anstelle eines bekannten Dissidenten einen normalen tschechoslowakischen Bürger besuchte und ihn um eine Unterschrift bäte – sagen wir – unter eine Petition gegen die Nachrüstung der NATO. Ich glaube, es gäbe im Grunde zwei Möglichkeiten: entweder würde der Besuchte seinen Besucher höflich hinauswerfen oder ihn für einen – was wahrscheinlicher ist – Agenten der Geheimpolizei halten und augenblicklich das Papier unterschreiben, so, wie er eine ganze Reihe ähnlicher Papiere unterschreibt, wenn sie ihm an seiner Arbeitsstelle zur Unterschrift vorgelegt werden: er wird sie nicht einmal vernünftig durchlesen, nur um keine Umstände zu machen. (Ein schlagfertigerer Bürger würde die ganze Angelegenheit vielleicht nutzen – stehe er zur Nachrüstung, wie er wolle –, eine Einladung in den Westen zu bekommen. Das Hemd ist einem schließlich näher als der Rock: das erstemal im Leben Paris anzuschauen könnte gelingen, bevor Europa vom Atombrand vernichtet wird.)

Ich will versuchen, das noch deutlicher zu machen. Stellen wir uns vor, daß unser westlicher Besucher sich durch

einen unglücklichen Zufall einen älteren Bürger ausge-
sucht hätte, der sein Leben lang in Prag-Letna gewohnt
hat und der in nächster Zeit – zusammen mit Hunderten
anderer – gegen seinen Willen in irgendeine Siedlung hinter Prag umziehen soll, womit ihm nicht nur seine lebens-
lange Heimat verlorengeht, sondern wo er gezwungen ist
(Gott weiß wovon), eine womöglich zweimal so hohe
Miete zu zahlen – und das alles nur, weil die sowjetischen
Offiziere sich einbilden, in Letna wohnen zu müssen. Also
die kämpferischsten der Friedenskämpfer. Kann sich der
friedensbegeisterte Westler da noch über den kühlen Emp-
fang in einem solchen Haushalt wundern?

Ich weiß, daß einige Leute im Westen glauben, die gesamte westliche Friedensbewegung sei eine Angelegenheit
der sowjetischen Spionage. Andere halten sie für eine An-
sammlung naiver Träumer, deren große Begeisterung und
geringe Informiertheit die Sowjets geschickt ausnutzen.

Ich teile solche Ansichten nicht. Und doch habe ich den
Eindruck, daß für den Fall, daß sich irgendwie feststellen
ließe, was die Einwohner Osteuropas wirklich denken, sich
zeigte, daß diese Ansichten unter ihnen mehr Anhänger
haben als selbst im Westen.

Ich meine, die erste Voraussetzung einer sinnvolleren
europäischen Annäherung ist der unbarmherzige gegenseitige Austausch derart harter Informationen.

(4)

Die aufgeklärteren der westlichen Friedenskämpfer fordern nicht nur die Abrüstung ihrer eigenen Länder, sondern die parallele Abrüstung aller. Und eher als den
Kampf gegen die Pershings erwarten sie daher von den

Menschen aus dem Osten den Kampf gegen die verschiedenen Raketentypen SS.

Das ist selbstverständlich vernünftig; soll jeder damit beginnen, zunächst vor der eigenen Tür zu kehren.

Ist jedoch mein Thema heute die «Friedens-Zurückhaltung» in unserem Teil Europas, dann muß ich auf etwas aufmerksam machen, was manchmal ein wenig vergessen wird: daß die geringste – und noch so schüchterne – Äußerung der Nichtübereinstimmung mit der Regierungspolitik in einem so empfindlichen Punkt, wie es die Verteidigung ist, bei uns unendlich gefährlicher ist als im Westen. Denn während die westliche Presse Landkarten veröffentlicht, auf denen die geplanten oder schon fertigen Raketenbasen eingezeichnet sind, wird bei uns die Lokalisierung aller Waffen als Staatsgeheimnis angesehen, und für den bloßen öffentlichen Verrat des Ortes irgendeiner Basis würde man ganz sicher jahrelang ins Gefängnis wandern. Schon allein bei der Vorstellung, hier könnte es jemand wagen, sich einer Raketenbasis mit einem Antikriegstransparent in der Hand zu nähern, oder sogar versuchen, ihren Aufbau zu verhindern, tritt mir Schweiß auf die Stirn und die Haare sträuben sich mir vor Schrecken. Das gäbe nicht vierzehn Tage Gefängnis mit Besuchen und Päckchen wie in England, sondern vierzehn Jahre in Valdice, dem tschechischen Sing-Sing! Als ich seinerzeit bei einem Verhör (es betraf irgendeines meiner Zusammentreffen mit westlichen Friedensaktivisten) einen meiner Untersuchungsbeamten darauf aufmerksam machte, entwaffnete er mich mit seiner Antwort vollständig. Er sagte: «Andere Länder, andere Sitten.»

Ja, andere Länder, andere Sitten. In Richtung auf meine Heimat habe ich immer betont, daß wir uns nicht aus unserer eigenen Verantwortung herauslügen und alles auf die allgemeinen Verhältnisse, die Großmächte und die böse, böse Welt schieben sollen. Nach draußen hingegen würde ich aber doch gern darauf aufmerksam machen, daß wir in einem Land mit «anderen Sitten» leben. Sich gegen die Raketen hier auszusprechen bedeutet de facto, Dissident zu werden. Also: sein Leben völlig zu ändern. Mit dem Gefängnis als selbstverständlicher Eventualität des Lebens zu rechnen. Sich mit einemmal um manche der geringen Möglichkeiten zu bringen, die der Bürger hier hat. Sich von einem Tag auf den anderen in der neurotisierenden Welt der ewigen Angst vor der Türklingel zu befinden. Mitglied jener mikroskopischen Enklave von «Selbstmördern» zu werden, die zwar von stiller Sympathie der Öffentlichkeit umgeben sind, doch zugleich auch von ihrer stillen Verwunderung darüber, daß sich jemand entschlossen hat, für eine derart hoffnungslose Sache wie die Veränderung des Unveränderbaren so viel zu riskieren.

Die westliche Friedensbewegung hat realen Einfluß auf das Handeln der Parlamente und Regierungen. Und riskiert kein Gefängnis. Hier riskiert man Gefängnis. Und der Einfluß auf die Entscheidungen der Regierung ist – jedenfalls in diesem Punkt – gleich Null.

Ich behaupte nicht, daß es keinen Sinn hat, sich zu engagieren. Ich möchte nur erklären, warum das so wenige tun. Ich glaube nicht, daß wir eine um so viel feigere Nation sind. In den westlichen Ländern – dieselben Verhältnisse wie bei uns vorausgesetzt – täten das wahrscheinlich auch nicht viel mehr Menschen als heute bei uns.

Das sind – hoffe ich – Selbstverständlichkeiten. Und doch ist es wichtig, sie immer wieder auszusprechen: unter anderem auch, damit sich in europäischen Geistern nicht unauffällig der durch und durch falsche Eindruck festsetzt, die einzigen wirklich gefährlichen Waffen seien die, in deren Umgebung Demonstranten lagern.

(5)

Ich wage es nicht, über die Verhältnisse im gesamten Sowjetblock zu reden. Ich glaube aber zumindest vom tschechischen Bürger sagen zu können, daß seine Welt charakterisiert ist von der dauernden Spannung zwischen der Allmacht «derer da oben» und seiner Ohnmacht.

Dieser Bürger weiß nämlich, daß «die da oben» alles dürfen: sie dürfen ihm den Paß wegnehmen, ihn aus der Arbeit werfen, ihn anweisen umzuziehen, ihn mit der Sammlung von Unterschriften gegen Pershing-Raketen beauftragen, ihm nicht erlauben zu studieren, ihm den Führerschein wegnehmen, sein Telefon abhören und seine Korrespondenz lesen, ihm eine Fabrik unter das Fenster bauen, deren Hauptprodukt Schwefeldioxyd ist, seine Milch chemisch unwahrscheinlich versauen, ihn nur deshalb einsperren, weil er auf irgendeinem Rock-Konzert war, willkürlich und jederzeit alles nur mögliche verteuern, ohne Erklärung jedes seiner demütigenden Gesuche ablehnen, ihm vorschreiben, was er bevorzugt lesen muß, wofür er demonstrieren muß, was er unterschreiben muß, wieviel Quadratmeter seine Wohnung haben darf, mit wem er Kontakt haben darf und mit wem nicht. In ständiger Angst vor «denen da oben» geht also der Bürger durch das Leben, wohl wissend, daß auch die Möglichkeit, eindeutig zum Nutzen der Gesellschaft arbeiten zu dürfen, nur ein Geschenk ist, das «sie» ihm auf Bewährung überlassen haben. (Einer meiner Freundinnen, einer Fachkraft in einer bestimmten speziellen medizinischen Disziplin, wurde von ihrem allmächtigen Chef – selbstverständlich Vertreter der Bürokratie und nicht der Ärzte – eine Reise in die benachbarte DDR zu einem wissenschaftlichen Kongreß in ihrer Wissenschaftsdisziplin nicht gestattet, zu dem sie eingeladen und von ihrer wissenschaftlichen Gesellschaft delegiert worden war, weil – wie er deutlich machte – das Kennenlernen der Methoden ausländischer Wissenschaftler in diesem Land nicht das natürliche Interesse der wissenschaftlichen Entwicklung und der Sorge um den Patienten ist, sondern eine Gnade, die den Ärzten von der bürokratischen Herrschaft erteilt wird.) Der Normalbürger, der in dieser schwülen Atmosphäre allgemeiner Unwirschheit, Erniedrigung, Vorsicht, Denunziantentums, Nervosität und ewig schwelender kompensativer Aggressivität lebt, weiß selbstverständlich gut – ohne daß er je hat Dissidentenliteratur lesen müssen –, daß «die da oben» alles dürfen und er nichts. (Daß keine scharfe Grenze zwischen denen «da oben» und denen «unten» existiert, daß man eigentlich nicht weiß, wer «die da oben» sind, und daß wir eigentlich alle – einbezogen in das gemeinsame Spiel – ein wenig «sie» sind und alle «die» zugleich auch ein wenig «wir» sind, nämlich auf andere «die» angewiesene Unterbürger – das ist schon eine andere Frage, deren Analyse nicht in diesen Zusammenhang gehört.)

Stell dir nun vor, westlicher Friedensaktivist, du kommst zu diesem halbabgehetzten Bürger mit der Frage, was er bereit ist, für den Weltfrieden zu tun! Wunderst du dich, daß er dich verständnislos anstarren und sich im Geiste fragen wird, was da wohl wieder dahintersteckt?

Weitaus einfachere Dinge nämlich, als es die Frage von Krieg und Frieden ist, liegen – oder zumindest scheint es ihm so in der gegebenen Situation – außerhalb der Reichweite seines Machtbereichs. Er hat zum Beispiel nicht den geringsten Einfluß darauf, ob ein großes Stück seines Heimatlandes wegen ein wenig geringwertiger Kohle, die Gott weiß welche Industrie für Gott weiß welchen Zweck braucht, in eine Wüste verwandelt wird oder nicht, er kann nicht einmal verhindern, daß aufgrund der verschmutzten Umwelt die Zähne seiner Kinder verderben; er kann es noch nicht einmal erreichen, daß er mit Rücksicht auf die Zähne und Seelen seiner Kinder von Nord- nach Südböhmen umziehen darf; wie sollte er da so eine Sache beeinflussen können wie Sternenkriege zwischen zwei Supergroßmächten! Das alles erscheint ihm als eine schrecklich abstrakte Angelegenheit (seinem Eingreifen wohl in der Tat so weit entfernt wie die Sterne am Himmel), mit der sich wirklich nur Leute ohne alle «normalen» Sorgen, die vor Langeweile nicht wissen, was sie tun sollen, befassen können.

Frau Thatcher ist bezaubert vom Charme des Herrn Gorbatschow. In dieser vollständig durchrationalisierten Welt der Computer, die angeblich imstande sein sollen, einen Atomkrieg zu starten, ist die ganze zivilisierte Welt fasziniert von der Tatsache, daß Herr G. Whiskey trinkt und Golf spielen kann, weswegen – angeblich – die Menschheit nicht ganz ohne Überlebenschance ist. Was sieht darin wohl unser abgehärmtes böhmisches Menschlein? Nur einen neuen Beweis dessen, was er schon längst weiß: die Sache von Frieden oder Krieg ist Angelegenheit der Herren G. und R. Was kann er dazu tun? Wie kann er in ihre Gedanken eintreten? Hat er etwa Gelegenheit, mit ihnen Whiskey zu trinken oder Golf zu spielen? Er kann doch noch nicht einmal in das Denken des letzten Beamten der Paßabteilung eintreten, der mit definitiver Gültigkeit darüber entscheidet, ob er sich zwei Wochen Urlaub in Jugoslawien wird gönnen dürfen, für den er ein ganzes Jahr lang gespart hat! Und kann man sich darüber wundern, daß er irgendein geheimnisvolles Sternenabkommen zwischen den Herren R. und G. nicht als einen «bedeutenden Schritt auf den Frieden zu» verstehen wird, sondern nur als irgendeine neue Verschwörung gegen ihn selbst?

Was ich sagen will: Die allgemeine Reserviertheit gegenüber den Fragen von Krieg und Frieden ist – zumindest in meiner Heimat – nicht die Folge irgendeiner genetisch gegebenen Ignoranz den Problemen der Welt gegenüber, sondern die durchaus verständliche Folge der gesellschaftlichen Atmosphäre, in der uns zu leben gegeben ist.

Ich wiederhole aufs neue: Ich behaupte nicht, wir könnten nichts tun. Ich sage nur, daß ich ganz einfach verstehe, warum so viele Menschen um mich herum glauben, sie könnten nichts tun. Und ich bitte deshalb unsere Freunde – die westlichen Friedenskämpfer –, den Versuch zu machen, sich in ihre Situation hineinzuversetzen, diesen Versuch in unser aller gemeinsamem Interesse zu unternehmen.

(6)

Hin und wieder gibt es auf der Welt Menschen, die das skandalöse Chaos des Lebens und sein geheimnisvolles Wuchern nicht mehr mit ansehen können. Es sind tragisch vom Schrecken vor dem Nichts und vor sich selbst gequälte Menschen, und sie müssen sich innere Ruhe verschaffen, indem sie Ordnung («Ruhe») in die unruhige Welt bringen und sozusagen ihre ganze unsichere Existenz in die Gewißheit dieser Ordnung hineinlegen, womit sie endgültig ihre Dämonen loswerden. Die verzweifelte Ungeduld dieser Menschen hat eine verzweifelte Neigung, verschiedene rationale Projekte des Allgemeinwohls auszudenken und einzuführen, die dazu bestimmt sind, endgültig Übersicht zu schaffen, damit endlich alles verständlich ist, damit die Welt endgültig ein Ziel hat und endlich mit all dieser provokativen Zufälligkeit der Geschichte abgerechnet werden kann. Kaum jedoch haben sie damit angefangen – wenn die Welt das Pech hat, ihnen dazu Gelegenheit gegeben zu haben –, stoßen sie auf Schwierigkeiten: viele ihrer Nächsten wollen auch weiter auf ihre eigene Weise leben, das unterbreitete Projekt interessiert sie trotz seiner Vollkommenheit nicht, sie haben ständig Einwände und legen ihm, sei es absichtlich oder einfach von ihrem Naturell her, die unterschiedlichsten Hindernisse in den Weg. Der Fanatiker des abstrakten Projekts, dieser Utopist in der Praxis, ist natürlich unfähig, solche Dinge zu tolerieren, nicht nur weil sie den eigentlichen Schwerpunkt seines Seins problematisieren, sondern auch weil er schon längst die Fähigkeit verloren hat, die Eigenart alles Seienden wahrzunehmen, und statt dessen nur seinen eigenen Traum davon sieht, wie alles Seiende sein und worauf es zielen sollte. Deshalb entschließt er sich, sein Projekt der Welt – selbstverständlich in ihrem Interesse – mit Gewalt aufzuzwingen. Damit fängt es an. Weiter geht es dann mit jener besonderen «Arithmetik des allgemeinen Glücks», die beweist, daß es richtig ist, der Zufriedenheit von Millionen ein paar tausend Widerstrebende zu opfern beziehungsweise der Zufriedenheit von Milliarden ein paar Millionen. Womit das enden muß, ist offensichtlich: mit dem Unglück aller.

Das ist die tragische Geschichte einer Art «Kurzschluß des Geistes»: warum sich mit der nie endenden und eigentlich hoffnungslosen Suche nach der Wahrheit quälen, wenn man sie leicht als Ganzes und auf einmal gewinnen kann – in der Form einer Ideologie oder Doktrin? Wie einfach dann plötzlich alles ist! Wieviel schwierige Fragen sind schon im voraus beantwortet! Von wieviel mühevollen existentiellen Aufgaben ist die Seele auf immer befreit! Das Wesen dieses Kurzschlusses ist der schicksalhafte Irrtum, irgendein scharfsinniges und allgemein anwendbares Erzeugnis – und was ist eine Doktrin oder Ideologie anderes als ein bloßes menschliches Erzeugnis? – könne die Last der ständigen, immer einzigartigen und wesenhaft unübertragbaren Fragen nehmen, ja sogar den Menschen von einem «Sein in der Frage» in eine Art «Seiendes der Antwort» verwandeln; es könne den zerreißenden, nicht endenden und nicht planbaren Dialog mit dem Gewissen oder mit Gott in der Übersichtlichkeit einer Broschüre ersetzen; es könne einfach imstande sein – in der Art eines Hammerwerks, das uns körperliche Arbeit abnimmt –, dem Menschen die Last der persönlichen Verantwortung und seines Leides von alters her abzunehmen.

Vielfältige extreme Beispiele dieses «Kurzschlusses des Denkens» – einmal eher traurige, einmal ziemlich tragische und manchmal nur und nur gespenstische – kennen wir aus der Geschichte: Marat, Robespierre, Lenin, Baader, Pol Pot. Mir geht es aber hier nicht um diese Stars des Fanatismus, sondern um die unauffällige Versuchung, in deren Gestalt der Keim des Utopismus (und damit auch des Totalitarismus) in wohl fast jedem Menschen gegenwärtig ist, der noch nicht allem gleichgültig gegenübersteht. Die Ideale einer besseren Welt und die Träume davon sind nämlich eine nicht wegzudenkende Dimension jedes wirklichen Menschseins; ohne sie und ohne die Transzendenz des «Gegebenen», die sie vorstellen, verliert das menschliche Leben Sinn, Würde und seine Menschlichkeit selbst. Welch ein Wunder also, daß auch jene teuflische

Versuchung allgegenwärtig ist? Ist doch irgendeines ihrer Atome in jedem schönen Traum verborgen!

Es geht also nur um eine Kleinigkeit: rechtzeitig jenen schicksalhaften ersten Augenblick des Verderbens zu erkennen, in dem die Idee aufhört, die transzendente Dimension des Menschseins auszudrücken, und sich in ihren Ersatz verwandelt; wenn das menschliche Erzeugnis – das Projekt einer besseren Welt – aufhört, Ausdruck der verantwortlichen Identität des Menschen zu sein, und im Gegenteil beginnt, Verantwortung und Identität des Menschen zu enteignen; wenn die Abstraktion aufhört, dem Menschen zu gehören, damit er ihr zu gehören beginne.

Ich glaube, daß zu dem geistigen, kulturellen und mentalen Phänomen, wie es Mitteleuropa darstellt – wie es spezifische historische Erfahrungen einschließlich derer, die heute nur noch irgendwo in unserem kollektiven Unbewußten dämmern, geformt haben und immer noch formen –, auch als nicht wegzudenkender Bestandteil eine besondere mitteleuropäische Skepsis gehört. Sie hat wenig gemeinsam z. B. mit dem englischen Skeptizismus; sie ist überhaupt recht seltsam: ein wenig geheimnisvoll, ein wenig nostalgisch, häufig tragisch und manchmal gar heroisch, hin und wieder ein wenig unverständlich in ihrer genügsamen Schwerfälligkeit, zärtlichen Grausamkeit und in ihrer Fähigkeit, die Provinzialität der äußeren Erscheinung mit weltgeschichtlicher Voraussicht zu kombinieren. Manchmal wirkt das fast so, als ob hier der Mensch mit einer Art inneren Radars ausgerüstet sei, der imstande ist, die sich nähernde Gefahr zu erkennen, lange bevor sie zu sehen und ihre Gefährlichkeit zu beweisen ist.

Zu den Gefahren, für die der hiesige Geist eine besonders empfindliche Nase hat, gehört auch das, wovon ich gesprochen habe – der Utopismus. Oder genauer: die Gefahr, daß die lebendige Idee als Werk und Zeichen sinnvollen Menschseins zur Utopie als technischer Anleitung zur Vergewaltigung des Lebens und Vertiefung seines Schmerzes versteinert. (Vielleicht wird diese Skepsis auch von dem Umstand verstärkt, daß er hier in diesem Raum ständig koexistieren muß mit etwas, was der utopistischen Mentalität ziemlich nahesteht. Ich denke dabei etwa an die provinzielle Begeisterung, die Neigung zu Illusionen, Vertrauen und manchmal gar Servilität dem gegenüber, was aus dem umgebenden Raum kommt, Großmäuligkeit und zugleich Kurzatmigkeit des Mutes, die Neigung zu plötzlicher Euphorie, die sich gesetzmäßig nach der ersten Erschütterung in Frustration wandelt, zur Resignation und Apathie usw.)

Ein einziges Mal verfiel ein Teil der Tschechen und Slowaken in diesem Jahrhundert (aus Gründen, die darüber hinaus historisch verständlich waren: es geschah in einer Atmosphäre des Abscheus vor dem sittlichen Zusammenbruch vorhergehender Ordnungen) eindeutig dem Utopismus: als er glaubte, in der erbarmungslosen Einführung des leninistisch-stalinistischen Sozialismus (selbstverständlich mit der Hilfe seines Weltzentrums) werden die «strahlenden Morgen» gesichert, und als er das auch – ohne Rücksicht auf den Rest der Bevölkerung – durchführte. (Nach vielen tragischen Erfahrungen und einem langen Prozeß, in dem sich die einen selbst befreiten und den anderen die Augen aufgingen, wurde der Versuch einer Art Revision des Malheurs unternommen, das geschehen war: «Sozialismus mit menschlichem Antlitz». Doch auch er war – leider – von Utopismus gefärbt, der bei vielen als eine wesenhaft gewordene Angewohnheit überlebte, dauerhafter als einzelne Illusionen, auf die er gerichtet ist. Das Utopische dieses Versuches lag nicht einmal so sehr in dem Glauben, unter der Vorherrschaft Moskaus demokratische Verhältnisse aufbauen zu können, als eher in dem Glauben, dafür die Zustimmung von oben bekommen zu können, daß das alles der Kreml nämlich – wenn es ihm nur entsprechend erklärt wird – begreifen und gutheißen muß. Es zeigte sich, daß dieser Glaube nicht gerade ein festes Fundament für einen Versuch dieser Art darstellte. Auf das Rufen nach Verständnis antwortete man mit der Entsendung von Panzerdivisionen.)

Der Verfall in den Utopismus der Nachkriegszeit hat sich für unser Land in grausamer Weise nicht ausgezahlt. Er verhalf dazu, uns – für weiß Gott wie lange – in eine Abhängigkeit zu bringen, in der wir ursprünglich überhaupt nicht hätten sein müssen.

Die Konsequenz dieser Historie ist klar: die neue und weitreichende Vertiefung der mitteleuropäischen Skepsis gegenüber dem Utopismus aller Farben und Schattierungen, einem jeden, auch dem geringsten seiner Anzeichen gegenüber. Heute gibt es sogar mehr von dieser Skepsis, als gesund ist: vom Utopismus wendet sie sich selbst gegen den Willen, dem Bösen entgegenzutreten. So daß schließlich auch der ganz schüchterne, zurückhaltende, rücksichtsvolle, niemanden zu nichts anhaltende, fortdauernd von individuellem Nachdenken und Bewußtsein kontrollierte und in seinem ganzen sittlichen Wesen antiutopische Versuch, sich auf ein Recht zu berufen, sogar ein offiziell deklariertes Recht, hier des Utopismus verdächtigt wird (worüber gerade die Dissidenten viel erzählen könnten).

Ich spreche von alldem in dieser Breite, weil ich das Gefühl habe, daß die reservierte Beziehung der hiesigen Menschen zur westlichen Friedensbewegung weit mehr als aus dem banalen Verdacht, es handele sich um ein kommunistisches Unternehmen, aus der hier herrschenden wesenhaften Skepsis gegenüber dem Utopismus stammt: ob zu Recht oder Unrecht, die Menschen stellen sich hier – und man kann sich nicht darüber wundern – die Frage, ob die westlichen Friedenskämpfer nicht wieder nur weitere Utopisten sind. Versunken in seiner ermüdenden und enervierenden Alltäglichkeit, zermürbt von der bürokratischen Macht im Namen seines angeblichen Wohls, fragt der tschechoslowakische Bürger: Wer schlägt uns hier wieder irgendwelche «strahlenden Morgen» vor? Wer beunruhigt uns hier wieder mit einer Utopie? Welche nächsten Katastrophen werden uns hier – in bester Absicht – wieder vorbereitet? Warum soll ich mir an irgendwelchen Versuchen, die Welt zu retten, die Finger verbrennen, wenn ich nicht weiß, welche unselige und unwiderrufliche Neuigkeit – selbstverständlich im Namen einer besseren Welt – mir morgen früh in der Arbeit mein Chef mitteilen wird? Und überhaupt: Habe ich nicht auch schon so genug Sorgen? Soll ich mir noch mehr bereiten mit irgendwelchen Träumen von einem friedlichen, waffenfreien, demokratischen Europa unabhängiger Völker, wenn ich mit der bloßen Erwähnung eines solchen Traums mir für den ganzen Rest des Lebens Leiden herbeiführen kann und Herr G. ohnehin sein Golf spielen wird, wie er es will? Ist es nicht besser, ganz bescheiden auch in dieser Misere zu versuchen, würdig zu leben – so, daß ich mich nicht vor meinen Kindern schämen muß –, als sich in irgendeine platonische Organisation des zukünftigen Europa einzumischen? Die westlichen Friedenskämpfer ziehen mich in etwas hinein und fahren dann unbesorgt nach Hannover demonstrieren, und ich bleibe hier, der nächsten Zweigstelle der Geheimpolizei ausgeliefert, die mich wegen meines Interesses für das allgemeine Wohl der Welt um die Anstellung bringt, die mir gerade eben noch Freude macht, und darüber hinaus werden dafür meine Kinder mit ihrer konkreten Zukunft bezahlen! (Um der Genauigkeit willen muß man sagen, daß dieses Mißtrauen jeden Utopismus betrifft, nicht nur diesen links orientierten: militanter Antikommunismus, in dem Umsicht von Besessenheit und die Realität vom Traum verdrängt ist, ruft hier, glaube ich, dieselben Gefühle hervor. Zumindest bei den vernünftigeren Menschen.)

Hand in Hand mit der Skepsis gegenüber dem Utopismus schreitet verständlicherweise auch die Skepsis gegenüber verschiedenen Arten und Erscheinungen des Ideologischen. Während meines Lebens habe ich manche politologische Debatte mitgemacht, so daß ich in dieser Hinsicht an manches gewöhnt sein sollte. Und doch bin auch ich – muß ich gestehen – immer wieder neu betroffen davon, wie tief manche westlichen Menschen der Ideologie verfallen sind, um wieviel mehr als wir, die wir in diesem durch und durch ideologisierten System leben. Ihre ewigen Überlegungen darüber, wem diese oder jene Ansicht dient oder in die Hände spielt, welche politische Tendenz sie bestärkt oder schwächt! Das ewige und ermüdende Nachforschen, ob diese oder jene Haltung, Ansicht oder Person rechts oder links ist, links von der Mitte oder rechts von ihr, rechts von links oder links von rechts! Als ob es mehr um die Schublade ginge, in die die Ansicht zu stecken ist, als um ihren Gehalt. Ich begreife, daß in der Welt offenen politischen Spiels man sich all dessen nicht völlig erwehren kann. Doch wäre ich froh, wenn verstanden würde, wie kleinlich uns das hier – auf dem Hintergrund unserer Erfahrung, in Verhältnissen, wo Ideologie die Wahrheit gänzlich terrorisiert hat – vorkommt, wie abwegig und entfernt von all dem, worum es wirklich geht.

Vielleicht schildere ich das alles übertrieben oder vereinfacht. Doch mir scheint, daß jeder, der sich wirklich ernsthaft Sorge um die Zukunft Europas und der Welt macht, so anschaulich wie möglich – im eigenen Interesse und weil sie so allgemein belehrend ist – die verschiedenen Aspekte der Skepsis kennen sollte, die hier – genau in der Mitte Europas – die Menschen gegenüber dem Entwerfen «strahlender Morgen» haben. Wohl kaum jemand wäre glücklicher als ein Pole, Tschechoslowake oder Ungar, wenn Europa bald zu einer freien Gemeinschaft unabhängiger Länder würde, in der keine Großmächte ihre Armeen und Raketen stationiert hätten. Und kaum jemand ist wohl so skeptisch gegenüber der Hoffnung, dies könne mit einem Appell an jemandes guten Willen erreicht werden, falls sich überhaupt jemand zu diesem Appell entschließt. Vergessen wir nicht, daß kaum jemand so gute Möglichkeiten hatte, am eigenen Leib sich vom Zweck der Gegenwart von Großmachtarmeen und -raketen in einigen europäischen Ländern zu überzeugen: weit eher als zur Verteidigung gegen einen angenommenen Feind dienen sie der Aufsicht über das unterworfene Territorium!

(7)

Vor einiger Zeit kamen zwei junge Italienerinnen nach Prag und brachten eine Erklärung der Frauen mit, in der lauter gute Sachen gefordert wurden: Respekt vor den Menschenrechten, Abrüstung, Entmilitarisierung der Kindererziehung, Achtung vor dem Menschen. Sie sammelten Unterschriften von Frauen aus beiden Hälften des geteilten Europa. Sie rührten mich: sie hätten sicherlich auf den Jachten reicher Ehemänner über das Mittelmeer kreuzen können (sie hätten bestimmt welche gefunden) –

und statt dessen stolpern sie durch Europa, um die Welt besser zu machen. Sie taten mir um so mehr leid, als ihnen fast keine der bekannten Prager Dissidentinnen ihre Unterschrift gab (verständlicherweise machten sie nicht einmal den Versuch, sich an Nichtdissidentinnen zu wenden). Wohl nicht, weil die Prager Dissidentinnen dem Inhalt des Manifestes nicht zustimmten. Ohne sich zu verabreden, hatten sie übereinstimmend einen anderen Grund: es kam ihnen lächerlich vor, etwas «als Frauen» zu unterschreiben. Bei den Herren, die nichts unterschreiben mußten, verband sich galante Aufmerksamkeit mit stillem Lächeln über diese Frauenaktion, bei den Damen überwog ziemlich energische Unlust der ganzen Sache gegenüber, um so energischer, als sie nicht von der Wahl befreit waren, zu unterschreiben oder nicht, und weil sie nicht die Notwendigkeit der Galanterie fühlten. (Der Ordnung halber führe ich an, daß schließlich wohl fünf unterschrieben haben.)

Ich dachte darüber nach, woher bei meinen Freundinnen plötzlich diese spontane Unlust kam, sich auf der Basis des Geschlechts zu vereinigen. Es hatte mich nämlich überrascht.

Nach einiger Zeit fand ich für mich selbst eine Erklärung: Zu den Traditionen jenes mitteleuropäischen Klimas, über das ich gesprochen habe, gehört doch ein verstärkter Sinn für Ironie und Selbstironie, es gehört Humor und schwarzer Humor dazu, es gehört dazu – und das ist wohl in diesem Falle das wichtigste – Angst vor der eigenen übersteigerten und deshalb unfreiwillig komischen Ernsthaftigkeit, vor dem Pathos und der Sentimentalität, vor dem Emphatismus und vor dem, was Kundera die lyrische Beziehung zur Welt nennt. Ja, meiner Freundinnen bemächtigte sich auf einmal die Befürchtung – als Teilnehmerinnen an einem internationalen Frauenunternehmen –, lächerlich zu werden. Es war die Befürchtung – um einen Terminus des tschechischen Kunsttheoretikers Karel Teige zu benutzen – «dada» zu werden. Nämlich unfreiwillig lächerlich wegen der Ernsthaftigkeit, mit der sie ihre Meinung als Bürger mit dem Hinweis auf ihre wehrlose Weiblichkeit stärken. Offenbar tauchte auf einmal die Erinnerung an das Abstoßende des herzzerreißenden Gewäschs der Vizepräsidentin des Tschechoslowakischen Fernsehens, Frau Balásova, auf, wenn sie in ihren Fernsehansprachen mit verlogener Sentimentalität die «Friedens»thesen der Regierung mit ständigen Hinweisen auf Frauen und Kinder durchsetzte. Über die traurige Stellung der Frau in unserem Lande haben meine Dissidentenfreundinnen ohne Zweifel ihre eigenen Ansichten. Trotzdem widerstrebt ihnen irgendwie innerlich auch das kaum merkliche Anzeichen des Feminismus, das in dem Umstand geahnt werden könnte, daß das erwähnte Manifest ein striktes Frauenmanifest sein soll. Ich will den Feminismus nicht verlachen, ich weiß wenig über ihn und bin bereit zu glauben, daß er bei weitem nicht die Erfindung irgendwelcher hysterischer Weiber, gelangweilter Dämchen oder verschmähter Geliebten ist. Doch muß ich feststellen, daß in unserem Milieu – wievielmal schlechter die Frauen auch dran sind als im Westen – der Feminismus einfach als «dada» erscheint.

In diesem Zusammenhang jedoch geht es mir nicht um den Feminismus. Ich wollte nur jenen besonderen, schon ein wenig geheimnisvollen Schrecken vor allem Emphatischen, leicht Begeisterten, Lyrischen, Pathetischen und sich zu ernst Nehmenden illlustrieren, der aus unserem geistigen Klima nicht wegzudenken ist. Er ist von derselben Art und hat dieselben Wurzeln wie die spätere Skepsis dem Utopismus gegenüber, mit der er sich übrigens häufig überlagert: leicht begeisterungsfähige Emotionen und rationalistischer Utopismus sind vielfach nur zwei Seiten derselben Münze.

Ich kann ein anderes Beispiel anführen: Es schickt sich natürlich nicht, daß die Charta 77 in ihren Dokumenten Scherz treibt. Unlängst fiel mir jedoch in einem bestimmten Zusammenhang ein, daß die Charta 77 möglicherweise anfängt, einige Leute ein wenig zu langweilen, weil sie sich – wie es ihnen scheint – selbst zu ernst nimmt. Weil sie nur ihre Dokumente kennen und nicht deren Autoren, können sie leicht den Eindruck gewinnen, daß die Charta 77 (über Jahre hinweg gezwungen, immer dasselbe zu wiederholen) irgendwie in ihrer Ernsthaftigkeit steckengeblieben sei, in ihrem Märtyrertum, in ihrer Berühmtheit; daß sie des Überblicks entbehrt, der Distanz zu sich selbst, der Fähigkeit, sich selbst nicht ernst zu nehmen – und daß gerade dieses ihr erstarrtes ernstes Gesicht sie schließlich lächerlich machen kann. Ich weiß nicht, ob ein solcher Eindruck tatsächlich existiert, und wenn er existiert, wie weit er verbreitet ist, und um so weniger bin ich imstande zu beurteilen, inwieweit er – wenn er existierte – gerecht wäre oder inwieweit er uns unrecht täte. In jedem Fall jedoch provoziert mich dieser spekulative Einfall zum Nachdenken.

Mir scheint, in unserem mitteleuropäischen Milieu verbindet sich in gewisser extremer Weise immer das Ernsteste mit dem Komischsten; das gerade ist die Dimension der Distanz, des Überblicks und des Selbstverlachens, die den hiesigen Themen und Taten erst die richtige erschütternde Ernsthaftigkeit verleiht. Ist nicht Franz Kafka, einer der ernstesten und tragischsten Autoren dieses Jahrhunderts, eigentlich zugleich Humorist? Ich glaube, wer über seine Romane nicht lacht (so, wie angeblich Kafka selbst gelacht haben soll, als er sie seinen Freunden vorlas), der versteht sie nicht. Sind nicht der tschechische Hašek oder der österreichische Musil Meister der tragischen Ironie und der ironischen Tragik? Ist nicht Vaculíks «Böhmisches Traumbuch» (Tagträume), um einen Gegenwartsautor und «Dissidenten» zu nennen, bedrückend in seinem Humor und fröhlich in seiner Hoffnungslosigkeit?

Das Dissidentenleben in der Tschechoslowakei ist wahrlich nichts besonders Fröhliches, um so weniger der Aufenthalt in tschechoslowakischen Gefängnissen. Daß wir über diese Dinge häufig scherzen, steht nicht im Widerspruch zu dieser Ernsthaftigkeit, sondern ist im Gegenteil ihre unausweichliche Konsequenz. Vielleicht wäre es nicht einmal auszuhalten, wenn man nicht zugleich sähe, wie absurd und also komisch das alles ist. Die Art unseres Scherzens hier würde wohl mancher unserer ausländischen Sympathisanten nicht verstehen – oder würde sie als Zynismus verstehen. (Manches Mal habe ich bemerkt, daß wir bei Zusammentreffen mit Ausländern einiges von dem, was wir uns sagen, zur Sicherheit nicht übersetzen.) Und als einer meiner Freunde, ein Dissident, auf der amerikanischen Botschaft verschiedene uns völlig unbekannte Delikatessen kostete und in bezug auf sie den berühmten Satz Patočkas ausrief: «Es gibt Dinge, für die es lohnt zu leiden», lachten wir alle und niemandem fiel ein, das als irgendein Nichternst-Nehmen des Vermächtnisses von Patočka, seines tragischen Todes und überhaupt der sittlichen Ausgangspunkte dissidentischen Handelns aufzufassen.

Kurz und gut: Wir fühlen hier irgendwie stärker – vielleicht hängt das auch mit einer Art plebejischer Tradition der tschechischen Kultur zusammen –, daß der, der sich zu ernst nimmt, bald lächerlich wird, und wer ständig über sich selbst lachen kann, nicht wirklich lächerlich sein kann.

Die Menschen im Westen haben aus mannigfaltigen

Gründen größere Angst vor dem Krieg als wir hier. Dabei sind sie wesentlich freier, sie leben in größerer Freiheit, und ihr Widerwillen gegen die Rüstung hat für sie keine allzu schweren Folgen. Das alles zusammen bewirkt vielleicht, daß die dortigen Friedenskämpfer manchmal – wenigstens bei der Betrachtung von hier aus – zu ernst, ja sogar leicht pathetisch sind. (Eine andere Sache, die vielleicht wiederum wir hier uns wenig bewußt machen, ist die Tatsache, daß der Kampf für den Frieden wohl noch etwas anderes ist als nur das Vortragen dieser oder jener Abrüstungsforderungen: nämlich Gelegenheit zur Schaffung nicht konformer und nicht korrumpierter Sozialstrukturen, zu einem Leben in einer menschlich inhaltsreicheren Gemeinschaft, zur Selbstrealisierung außerhalb der Stereotype der Konsumgesellschaft und zur Manifestation des Widerwillens gegen sie.)

Das hiesige Mißtrauen gegenüber jedem Emphatismus und jedem Engagement, das nicht der Distanz zu sich selber fähig ist, hat wohl auch Einfluß auf jene Zurückhaltung, die ich hier zu analysieren versuche. Weil wir ein wenig härter für unser Interesse am Schicksal der Welt zahlen, fühlen wir wohl auch stärker die Notwendigkeit der eigenen Mißachtung, jenes Entweihens des Altars, von dem Bachtin so großartig schreibt. Und schon deshalb müssen wir verschiedenen sich allzu ernst nehmenden (und zugleich – das hängt miteinander zusammen – in keiner Weise hart bezahlten) Erscheinungen des Emphatismus gegenüber, mit denen einige westliche Friedenskämpfer zu uns kommen, etwas reservierter sein, als sich mancher wünschen würde. Es wäre absurd, ihnen unseren schwarzen Humor und unsere niemals ruhende Skepsis aufzwingen zu wollen oder gar von ihnen zu verlangen, unsere ernsten Prüfungen auf sich zu nehmen und sie dann

auf unsere Weise zu ironisieren. Ebenso absurd allerdings
wäre es, wenn sie von uns ihre eigene Art der Emphase
verlangten. Einander zu verstehen bedeutet nicht, daß sich
der eine dem anderen anpaßt, sondern im Gegenteil gegenseitig seine Identität zu begreifen.

(8)

Es gibt selbstverständlich auch weitere Gründe für die Zurückhaltung, mit der ich mich hier beschäftige. Etwa dieser: Die Tschechoslowaken haben zu gut am eigenen
Schicksal erfahren (haben sie sich doch eigentlich bis heute
nicht vollständig davon erholt), wohin eine Politik des Ap-
peasement führen kann. Wohl lange Jahre noch werden die
Historiker streiten, ob die Welt den Zweiten Weltkrieg mit
seinen Millionen Toten hätte absolvieren müssen, wenn
die westlichen Demokratien imstande gewesen wären,
rechtzeitig und energisch Hitler Widerstand entgegen-
zusetzen. Ist es ein Wunder, daß in diesem Land, dessen
moderner Verfall mit München begann, die Menschen besonders empfindlich für alles sind, was ihnen auch nur entfernt so vorkommt wie die Vorkriegskapitulation vor dem
Bösen? Ich weiß nicht, wieviel tatsächlichen Mut es in diesem Land in einer Grenzsituation gäbe. Ich weiß jedoch,
daß ein Gedanke hier schon ziemlich fest zum allgemeinen
Bewußtsein gehört: Die Unfähigkeit, im äußersten Falle
auch sein Leben für die Rettung seines Sinnes und der
menschlichen Dimension einzusetzen, führt unausweichlich auch zum Verlust des Lebens – und nicht mehr nur
eines, sondern von Tausenden und Millionen. Selbstverständlich: In der Welt der Nuklearwaffen, die imstande
sind, das ganze Menschengeschlecht auszurotten, ist vieles

anders. Doch die Grunderfahrung, daß es nicht möglich ist, schweigend Gewalt zu dulden in der Hoffnung, daß sie von selbst aufhört, gilt noch immer. (Das Gegenteil zu denken würde bedeuten – unter anderem – definitiv vor dem Nicht-Menschsein der Technik zu kapitulieren.) Ich kann mir nicht vorstellen – wenn eine solche Haltung durch irgendein Wunder den Krieg nicht beschleunigen, sondern tatsächlich abwenden sollte – welch einer Welt, welch einem Leben und welchem «Frieden» sie das Tor öffnete. Etwas anderes ist natürlich der allgemeine sittliche Imperativ einerseits und die konkrete politische Art, sich danach zu richten, andererseits. Ich glaube, es gibt wirksamere und sinnvollere Methoden, der Gewalt und ihrer Androhung entgegenzutreten, als sie bloß blind zu imitieren (nämlich zu jeder gegnerischen Rakete gleich eine eigene hinzuzufügen. Doch damit würde ich mich schon zu weit von dem heutigen Thema entfernen).

Deshalb nur ein Beispiel zur Abrundung: Wie groß etwa kann das Vertrauen oder gar die Bewunderung sein, die ein einfacher, aber empfindsamer osteuropäischer Bürger für die westliche Friedensbewegung hegt, der bemerkt hat, daß diese Bewegung auf keinem ihrer Kongresse und auf keiner ihrer Demonstrationen von Hunderttausenden sich entschlossen hat, dagegen zu protestieren, daß ein bedeutender europäischer Staat vor fünf Jahren seinen kleineren neutralen Nachbarn überfallen hat und seit dieser Zeit auf seinem Gebiet einen blutigen Ausrottungskrieg führt, der schon eine Million Tote gefordert hat und drei Millionen Flüchtlinge? Tatsächlich: Was soll man von einer Friedensbewegung und dazu noch einer europäischen halten, die fast nichts weiß von dem einzigen Krieg, den eine europäische Macht heute führt? Das Argument, das überfallene Land und seine Verteidiger erfreuten sich der Sympathien des Establishments und verdienten daher nicht die Unterstützung der Linken, kann in seiner unglaublichen ideologischen Zweckgerichtetheit nur eine einzige Reaktion hervorrufen: absoluten Ekel und das Gefühl uferloser Hoffnungslosigkeit.

(9)

Es ist deutlich, die Friedenszurückhaltung der Bevölkerung des Sowjetblocks hat ihre vielfältigen und verschiedenartigen Ursachen; einige sind wohl allen Ländern gemeinsam, einige dagegen treten in einem Land mehr in den Vordergrund, andere wiederum in einem anderen.

Diese verschiedenen Aspekte projizieren sich begreiflicherweise mehr oder weniger auch in die Überlegungen der osteuropäischen Dissidenten. Wenn wir dazu den Umstand hinzurechnen, daß in jedem der Länder des Sowjetblocks eine ein wenig andere gesellschaftliche Situation herrscht, daß jedes Volk hier seine eigene historische, soziale und kulturelle Tradition, Erfahrungen und Verhaltensmodelle hat, und rechnen wir darüber hinaus auch noch die Tatsache mit hinzu, daß die Dissidenten, wenn sie auch nicht viele sind, doch eine sehr bunte Gesellschaft darstellen (in einem gewissen Sinne spiegelt der Dissens eigentlich in jedem dieser Völker das ganze Spektrum seiner politischen Haltungen wider, wie sie sich wahrscheinlich äußerten, wenn sie sich äußern dürften), dann ist vielleicht ausreichend deutlich, daß die westliche Friedensbewegung nur schwer von unserer Seite irgendein einheitliches und konkretes Friedensprogramm erwarten kann.

Und doch existiert – scheint mir – auch hier etwas wie ein «gemeinsames Minimum», nämlich einige grund-

145

gende Gedanken, auf die sich wahrscheinlich – hätten sie
die Möglichkeit – alle einigen könnten. Zumindest habe
ich einen solchen Eindruck aus den Texten, die ich in die
Hand bekommen habe: bestimmte Motive erscheinen mit
überraschender Regelmäßigkeit immer wieder. Das kann
kein Zufall sein. Ähnliche Erfahrungen führen offenbar zu
ähnlichen Überlegungen, Ansichten und Gewißheiten.
Und wenn es darin tatsächlich um eine Art gemeinsamen
Nenner osteuropäischer Erfahrung und Reflexion geht,
dann sollte er in jedem Falle beachtet werden.

Es ist nicht Aufgabe dieser Überlegung, ein solches «gemeinsames Minimum» zu formulieren. Ich werde nur versuchen, einige Punkte zusammenzufassen, die mir allen
unabhängigen osteuropäischen Überlegungen zu Frieden
und der Friedensbewegung gemeinsam und für sie be-
zeichnend zu sein scheinen.

1. Vor allem ist dies wohl – trotz aller Zurückhaltung –
eine gewisse elementare Sympathie für das sittliche Ethos
derer, die inmitten einer entwickelten Konsumgesellschaft
dem Schicksal der Welt den Vorzug geben vor der bloßen
Sorge um das eigene Wohlergehen. Tun wir nicht – wenn
auch selbstverständlich anders und unter anderen Bedingungen – hier etwas Ähnliches? Schon aus diesem «vor-
rationalen» Grund muß der hiesige Dissident für die westliche Friedensbewegung eine grundsätzliche Schwäche
haben.

2. Gleich an zweiter Stelle steht jedoch wohl eine schon
deutlich polemische Überzeugung: Ursache des Krieges
sind nicht die Waffen als solche, sondern die politischen
Realitäten (einschließlich der Politik der politischen Establishments) des geteilten Europa und der geteilten Welt,
die die Herstellung und Aufstellung dieser Waffen ermöglicht oder sie geradezu erzwingt und die schließlich in ihrer

Anwendung münden könnte. Mit bloßem Widerstand gegen diese oder jene Waffe kann kein dauernder und tatsächlicher Friede erreicht werden, weil ein solcher Widerstand nur die Folgen betrifft und nicht die Ursachen. Widerstand gegen Waffen – soweit er allerdings gegen alle gerichtet ist und nicht nur gegen die, um die herum man Lager aufschlagen kann – mag im besten Falle die Regierungen dazu veranlassen, verschiedene Abrüstungsverhandlungen zu beschleunigen. Das ist wohl alles, was man von ihm erhoffen kann.

3. Die Abrüstungsverhandlungen selbst, wären sie auch erfolgreich (was auf dem Hintergrund der bisherigen Erfahrungen kaum zu hoffen ist), würde die gegenwärtige Krise gleichfalls noch nicht lösen. Ist doch bislang alles, was durch Abkommen gebremst wurde, bald wieder ohne Abkommen in Fahrt gekommen. Maximal könnte es für die tatsächliche Lösung der Krise günstigere klimatische Voraussetzungen schaffen. Klimatische Bedingungen sind allerdings eine Sache, eine andere ist der Wille zur Lösung. Im Grunde ginge es um nichts anderes als um die Fixierung des explosiven Status quo – nur mit einer geringeren Menge explosiver Technik.

4. So daß der einzig sinnvolle Weg zu wirklichem europäischem Frieden, nicht also nur zu irgendeinem Zustand bewaffneten Waffenstillstands oder «Nicht-Krieges», der Weg der grundsätzlichen Veränderung der politischen Realitäten ist, die die Grundlage der heutigen Krise bilden. Ein solcher Weg erforderte, daß beide Seiten radikal Schluß machten mit der Politik der Verteidigung und Festigung des Status quo, d. h. der Aufteilung Europas in Blöcke, und mit der Politik der Macht- oder Großmacht-«Interessen» und daß sie all ihr Bemühen etwas völlig anderem unterordneten: dem Ideal eines demokratischen

Europa als freundschaftlicher Gemeinschaft freier und unabhängiger Nationen. Den Frieden in Europa bedroht heute nicht die Perspektive der Veränderung, sondern im Gegenteil der bestehende Zustand.

5. Ohne freie, würdige und mündige Bürger gibt es auch keine Freiheit freier und unabhängiger Nationen. Ohne inneren Frieden, d. h. den Frieden zwischen den Bürgern gegenseitig und zwischen dem Bürger und dem Staat, gibt es nicht einmal die Garantie des äußeren Friedens: der Staat, der den Willen und die Rechte seiner Bürger nicht achtet, gibt keinerlei Garantie, den Willen und die Rechte anderer Menschen, Nationen und Staaten zu achten. Der Staat, der den Bürgern das Recht auf öffentliche Kontrolle der Macht bestreitet, kann nicht einmal in den internationalen Beziehungen kontrollierbar sein. Ein Staat, der seinen Bürgern die grundlegenden Menschenrechte bestreitet, wird auch für seine Nachbarn gefährlich: die innere Willkür wächst sich unausweichlich auch zu Willkür in den Außenbeziehungen aus; die Unterdrückung der öffentlichen Meinung, die Aufhebung des öffentlichen Wettbewerbs um die Macht und ihrer öffentlichen Ausübung ermöglicht der Macht jede nur denkbare Rüstung; die manipulierte Bevölkerung kann zu jedem militärischen Abenteuer mißbraucht werden; mangelnde Vertrauenswürdigkeit in einer Beziehung ruft berechtigte Befürchtungen in bezug auf die Vertrauenswürdigkeit in allem anderen hervor. Ein Staat, der keine Hemmungen hat, seine Bevölkerung zu belügen, hat auch keine Hemmungen, andere Staaten zu belügen. Aus alldem folgt, daß der Respekt vor den Menschenrechten die Grundbedingung für den wirklichen Frieden und sein einziger Garant ist. Die Unterdrückung der natürlichen Rechte der Bürger und Nationen sichert den Frieden nicht, sondern bedroht ihn im

Gegenteil. Dauernder Friede und Abrüstung können nur das Werk freier Menschen sein.

Die Haltung, die ich hier bloß stichwortartig zu beschreiben versucht habe, ist in einer Unzahl mannigfaltiger Texte, die über diese Dinge in den letzten Jahren von unabhängigen Autoren in unserem Teil Europas geschrieben worden sind, im einzelnen beschrieben und begründet. Sie umfangreich zu zitieren oder zu wiederholen wäre in diesem Kontext überflüssig. Ähnlich nehmen diese Haltung auch verschiedene unabhängige Bürgerinitiativen und Gruppen in den Ländern des Sowjetblocks ein.

Wie sich zeigt, ist die Reflexion der bitteren Erfahrung des Bürgers eines totalitären Staates immer wieder und ganz logisch auf einen einzigen Fluchtpunkt gerichtet: auf ein neues Verständnis der Bedeutung der Menschenrechte, der Menschenwürde und der Bürgerrechte. Dort laufen in diesem Milieu ganz natürlich und berechtigt auch alle Überlegungen zum Frieden zusammen. Vielleicht ist das hiesige Begreifen der tiefen Voraussetzungen des Friedens (mit harter Erfahrung bezahlt und sich auszeichnend durch neue Eindringlichkeit) überhaupt das Wichtigste, womit die unabhängig denkenden Menschen aus unserem Teil der Welt heute das allgemeine Bewußtsein bereichern können.

Für uns ist es einfach schon unverständlich, wie man noch an die Möglichkeit der Abrüstung glauben kann, die den Menschen umgeht oder sogar mit seiner Versklavung erkauft wäre. Das erscheint hier als die von allen närrischste Utopie, vergleichbar wohl einzig mit der Hoffnung, daß alle Waffen der heutigen Welt von selbst auf den Schrotthaufen wandern oder sich in Musikinstrumente verwandeln.

Die Intensität und die Betonung des Zusammenhangs

zwischen Frieden und Menschenrechten sind natürlich zu unterschiedlichen Zeiten und an unterschiedlichen Orten unseres Teiles der Welt unterschiedlich und in mannigfaltiger Weise abhängig von der konkreten Situation oder dem Kontext. Aber trotzdem verfallen wir offenbar alle, angesichts der Ansicht, daß wir mit dem ewigen Hineinziehen der Menschenrechte in jede Debatte über den Frieden die Situation komplizieren und Verständigung verhindern – besonders wenn diese Ansicht aus dem Munde eines Menschen ertönt, der sich so vieler Freiheiten erfreut, daß er nicht weiß, was er damit anfangen soll –, ein und demselben hoffnungslosen Gefühl: wem nicht zu raten ist, dem ist auch nicht zu helfen.

(10)

Weil uns die Dinge, über die ich gerade geschrieben habe, hier schon lange als fast banale Selbstverständlichkeiten vorkommen, ist es uns hin und wieder fast peinlich, daß wir sie immer wieder erklären müssen. Und es scheint, daß für manche Angehörigen der westlichen Friedensbewegung diese Ansicht keineswegs selbstverständlich ist und uns also nichts anderes übrigbleibt, als in ihrer Erläuterung fortzufahren. Ich selbst bin im Gespräch mit Friedensaktivisten oder beim Niederschreiben gemeinsamer Standpunkte schon mehrfach darauf gestoßen, daß ihnen unsere Gedanken zwar beachtenswert, wenn nicht gar überraschend (!) vorkamen, doch zugleich irgendwie zu abstrakt, «philosophisch», wenig politisch, verständlich und schlagkräftig, also eigentlich praktisch schwer verwendbar. Mir schienen sie eher an Losungen, Aufrufe, Slogans und einfache und eindeutige Forderungen gewöhnt zu sein, die auf Transparenten und T-Shirts verwendet werden können, als an irgendwelche allgemeinen Überlegungen. Nun ja, es hilft nichts, sie kommen eben aus der Welt der realen und praktischen Politik!

Trotz allem ist die Situation immer noch ziemlich einfach, solange von uns nichts anderes und nicht mehr gefordert wird als die Erläuterung unserer Grundansicht zum Thema Frieden. Ernstere Komplikationen beginnen erst in dem Moment, in dem wir – aus diesen oder jenen Gründen – erklären sollen, wie wir uns vorstellen würden, daß unser allgemeines («philosophisches») Konzept in die Realität politischen Handelns projiziert werden soll; was man also konkret wollen soll und welche politischen Schritte und in welcher Reihenfolge sie unserer Vorstellung nach in Europa unternommen werden sollten.

Die erste Schwierigkeit besteht darin, daß, soweit auch in bezug darauf die osteuropäischen Dissidenten irgendwelche bestimmteren Ansichten haben, diese sehr unterschiedlich sind.

Einige – zum Beispiel in Polen und Ungarn – meinen, der erste und vielleicht sogar hauptsächliche Schritt zur Veränderung des Status quo in Europa und damit auch zu einem tatsächlichen Frieden hin solle die Schaffung einer Art Zone neutraler Staaten in der Mitte Europas sein, die die heutige scharfe Grenze zwischen den beiden Blöcken ersetzte. Dagegen wenden viele ein, daß so etwas zu fordern das von allem unrealistischste sei (wird denn die Sowjetunion bereit sein, nur so einige ihrer europäischen Satelliten aufzugeben und ihnen darüber hinaus noch Neutralität zu garantieren?) und dazu auch noch unmoralisch, weil es de facto eine Lösung auf Kosten anderer sei: Hauptsache, wir sind draußen, und du, Rest Europas, hilf dir, wie du kannst! Mit dieser Unmoralität hängt – nach

den Kritikern einer solchen Forderung – auch ihre mangelnde Perspektive zusammen: der Frieden in Europa entsteht nicht dadurch, daß zwischen den Blöcken, in die es
geteilt ist, eine Art «Niemandsland» geschaffen wird. Die
Gefahr eines Konflikts würde andauern, und wenn es zum
Konflikt käme, würden ohnehin die europäischen Staaten
als erste in die Luft fliegen (war das denn irgendwann einmal in der überschaubaren Geschichte anders?), ihre Neutralität, in die sie sich wie die Schweiz vor dem Gewühl der
Welt hatten verkriechen wollen, würde sich über Nacht in
einen Fetzen Papier verwandeln.

Andere also fordern gleich, einfach die Militärblöcke
aufzulösen und die amerikanischen und sowjetischen Armeen vom Gebiet ihrer europäischen Verbündeten abzu-
ziehen (was natürlich zugleich die Abschaffung aller in
Europa stationierten oder darauf gerichteten Kernwaffen
bedeuten würde). Das scheint mir persönlich sehr schön,
nur ist mir nicht ganz klar, wer oder was die Sowjetunion
zwingen könnte, auf diese Weise eine ganze Kompanie ihrer europäischen Satelliten aufzulösen – denn daß sie sich
nach dem Abzug ihrer Armee über kurz oder lang auch
von ihrer politischen Oberherrschaft über sie wird verab-
schieden müssen, ist mehr als deutlich.

Eine weitere Stimme, übrigens sehr fundiert, beweist,
daß Europa geteilt bleibt, solange Deutschland geteilt ist.
Und daß man daher – nicht also nur wegen des Rechts der
Deutschen, nicht geteilt zu sein – vorrangig die Forderung
nach einem Friedensvertrag mit Deutschland erheben
sollte, der zwar die heutigen Grenzen in Europa bestätigen
würde, der jedoch zugleich den deutschen Staaten die Perspektive einer allmählichen konföderativen Verbindung
eröffnete. Die Auflösung der Pakte könnte nach Lösung
der deutschen Frage wesentlich realistischer sein. Diese

Ansicht wirkt sehr glaubwürdig: kann man sich denn ein Europa ohne Pakte und Schutz – bzw. «Schutz» – der Großmächte vorstellen, in dem Berlin ruhig weiter von einer Mauer geteilt und das deutsche Problem ungelöst bleibt?

Auch dieser Vorschlag erntet natürlich viele Einwände: er ist angeblich provokativ, ruft auf allen Seiten die mannigfaltigsten Geister und Emotionen hervor, viele urteilsfähige Menschen fürchten eine Erneuerung des riesigen Deutschland mit der Gefahr seiner automatischen Dominanz in Europa usw.

Einige schließlich meinen, es habe keinen Sinn, auch nur einen dieser kühnen Vorschläge vorzubringen, wenn ohnehin niemand bereit sei, sie zu verwirklichen und alle Mächtigen von ihnen nur unnötig gereizt werden. Sinnvoller sei es, noch mehr verschiedene bereits bestehende Verträge beim Wort zu nehmen, wie zum Beispiel die Schlußakte von Helsinki, und deren Einhaltung zu fordern. Oder ohne großen Bombast die vielen kleinen Schritte zu unterstützen, die allmählich das Gesamtklima Europas gesunden lassen würden, zur Abkühlung der Hitzköpfe führten und damit auch zu einer allmählichen Begrenzung der Rüstung und zur Entspannung.

Es gibt wahrscheinlich noch zahlreiche weitere Vorschläge und Vorstellungen. (Auch wenn sie die Ansicht über die Ordnung Europas nicht unmittelbar berührt, möchte ich der Vollständigkeit halber noch eine Sache erwähnen, die verschiedene Dissidenten ziemlich bedeutsam unterscheidet: nämlich ihre Beziehung zu den USA. Während auf der einen Seite des Meinungsspektrums der Antiamerikanismus fast genauso stark ist wie bei der westlichen Linken, ist auf der anderen Seite der Standpunkt gleich dem Reagans: die UdSSR ist das Reich des Bösen und die USA das Reich des Guten. Ich persönlich – wenn meine Ansicht jemanden interessiert – habe über Amerika, das amerikanische Establishment und die amerikanische Außenpolitik insgesamt keine großen Illusionen, nichtsdestoweniger scheint mir das Maß der inneren Freiheiten und also auch die international-politische Glaubwürdigkeit bei den beiden Großmächten derart unterschiedlich zu sein, daß ich es für eine schreckliche Vereinfachung halte, die heutige Situation einfach für symmetrisch in dem Sinne zu halten, daß beide Kolosse gleich gefährlich sind. Ja, beide sind gefährlich, jeder anders, doch gleich gefährlich sind sie entschieden nicht.)

Die zweite Schwierigkeit, mit der diese Art Überlegungen auf unserer Seite Europas verbunden sind, ist noch ernster als die, die von der gerade beschriebenen Unterschiedlichkeit der Meinungen herrührt. Sie besteht in einem ein wenig unklaren, schwer zu beschreibenden, trotzdem aber sehr starken Gefühl der Vergeblichkeit und Sinnlosigkeit all solcher Überlegungen. Es scheint seltsam zu sein, doch im letzten – wie ich zu erklären versuchen werde – ist es ganz logisch, daß sich dieses Gefühl des Menschen nicht bemächtigte, solange er über den Frieden nur so allgemein «philosophierte», sondern erst in dem Augenblick, als seine Überlegungen das politisch Konkrete berührten.

Des skeptischen, nüchternen, anti-utopischen, anti-emphatischen und von der tagtäglichen Konfrontation mit der rücksichtslosen Macht zermürbten mitteleuropäischen Geistes muß sich – wenn er sich plötzlich in der Rolle des Organisators des zukünftigen Europa befindet – das Gefühl, «dada» zu sein, bemächtigen. Diese oder jene Konzepte der europäischen Entwicklung und europäischen Zukunft aufzuschreiben ist für den Dissidenten hier kein großes Problem. Ein Problem ist es für ihn, sich des Gefühls der absoluten Hoffnungslosigkeit und Zwecklosigkeit einer solchen Arbeit zu entledigen; die Befürchtung abzuschütteln, daß jede konkrete und sozusagen technische Konzeption der erwünschten Wandlung Europas in einen Erdteil des Friedens heute genauso lächerlich ist wie alle anderen Konstruktionen der Utopisten; die Angst loszuwerden, zur Zielscheibe des Gelächters der nüchternen Umgebung zu werden und das Gefühl, sich – zum erstenmal – ernsthaft vom Leben zu entfernen und in der Stratosphäre der Märchen zu schweben.

Etwas heroisch Träumerisches, Närrisches und Irreales ist schon im eigentlichen Ausgangspunkt der Dissidentenhaltung enthalten. Ist doch der Dissident vom Wesen der Sache her ein wenig Don Quichotte: er schreibt seine kritischen Analysen und fordert Freiheiten und Rechte ganz allein – nur mit seiner Feder in der Hand – angesichts der gigantischen Macht des Staates und seiner Polizei; er schreibt, ruft, schreit, fordert, beruft sich auf das Gesetz – und dabei weiß er, daß er dafür früher oder später eingesperrt wird. Warum also auf einmal solche Skrupel? In den Wolken der Narrheit sollte er sich doch bewegen wie ein Fisch im Wasser!

Ich will versuchen zu erklären, worin der Unterschied zwischen der «natürlich närrischen» Welt des Dissidententums und dieser anderen Art der Narrheit besteht, die dem Dissidenten Schrecken einjagt, wenn er irgendein Programm für die Friedensordnung Europas unterschreiben soll.

Ich glaube (und habe schon mehrmals darüber geschrieben), daß das Phänomen des Dissidententums aus einer wesenhaft anderen Auffassung vom Sinn der Politik erwächst, als sie in der zeitgenössischen Welt vorherrscht.

Der Dissident operiert nämlich überhaupt nicht in der Sphäre der faktischen Macht. Er strebt nicht nach Macht. Er sehnt sich nicht nach Funktion und sammelt keine Wählerstimmen. Er versucht nicht, das Publikum zu bezaubern, bietet niemandem etwas an und verspricht nichts. Wenn er etwas anbietet, dann nur seine Haut. Und die bietet er nur an, weil er kein anderes Mittel hat, die Wahrheit zu bekräftigen, hinter der er steht. Er artikuliert in seinem Handeln nur seine Würde als Bürger, ohne Rücksicht darauf, was er dafür erntet. Der ureigentliche Ausgangspunkt seines «politischen» Wirkens liegt also auf sittlichem und existentiellem Gebiet. Alles, was er tut, tut er zunächst für sich selbst: etwas in ihm hat sich aufgebäumt und er ist nicht mehr fähig, «in der Lüge» zu leben. Erst hinter diesem durch und durch existentiellen Motiv und nach ihm kommt und kann der «politische» Gesichtspunkt folgen. Nämlich die Hoffnung – unklar, unbestimmt und schwer in bezug auf ihre Berechtigung überprüfbar –, daß solches Handeln auch allgemein zu etwas gut ist. Daß auch die «Politik außerhalb der Politik», die «Politik außerhalb der Macht» ihren Sinn hat; daß – und sei es auf noch so verborgenem und kompliziertem Wege – auch sie etwas hervorruft, etwas erreicht, etwas bewirkt. Daß auch in einer scheinbar so chimärischen Angelegenheit, wie es die laut gesagte Wahrheit und laut artikulierte Sorge um das Menschsein des Menschen ist, eine bestimmte Macht enthalten ist und daß auch das Wort fähig ist, etwas auszustrahlen und eine Spur im «verborgenen Bewußtsein» der Gesellschaft zu hinterlassen. (Zu einer derart begründeten Haltung gehört wesenhaft, daß der Dissident eher die Gegenwart verzeichnet und analysiert, als daß er Zukunftsprojekte entwirft. Daß er eher der ist, der – jetzt und hier – das Schlechte kritisiert, als der Planer von etwas Besserem, das einmal sein wird. Seine Berufung sieht er eher in der Verteidigung des Menschen vor dem Druck des Systems als im Ausdenken besserer Systeme. Was die Zukunft betrifft, geht es ihm mehr um sittliche und politische Werte, auf denen sie beruhen sollte, als um zumeist vorzeitige Spekulationen, wie und von wem diese Werte den Menschen gesichert werden. Schließlich weiß er, daß der konkrete Charakter eines solchen Sicherns nicht von seinen heutigen Wünschen, sondern von dem schwer vorherzusehenden Lauf der zukünftigen Ereignisse abhängt.)

Das also ist jene «natürlich närrische» Welt des Dissidententums. Sie ist sinnvoll, weil sie in ihrem Rahmen folgerichtig ist. Sie ist taktisch, weil sie nicht taktiert. Sie ist politisch, weil sie nicht politisiert. Sie ist konkret, real, wirksam – nicht obwohl, sondern gerade weil sie närrisch ist. Und natürlich auch, weil ihre «Narrheit» irgendwie integral ist, sich selbst treu, mit sich selbst identisch.

Es ist vielleicht eine Welt des Traums und des Ideals, doch in keinem Fall eine Welt der Utopie.

Warum ein Hehl daraus machen, daß diese Welt der Wahrheit, wie unbequem auch der Aufenthalt in ihr sein mag, zugleich gewisse Vorteile bietet: indem er sich außerhalb des gesamten Universums der faktischen Macht und der traditionellen politischen Praxis befindet, das heißt außerhalb des Koordinatensystems der Zweckmäßigkeit, Taktik, des Erfolgs, der Kompromisse und notwendigen Manipulation mit Halbwahrheiten und Listen, kann der Dissident schön er selbst sein und sich dazu noch über sich selbst lustig machen, ohne daß ihm die Gefahr droht, für alle lächerlich zu werden.

Lächerlichkeit beginnt dem Dissidenten erst in dem Augenblick zu drohen, wenn er diesen Bezirk seiner Natürlichkeit überschreitet und in den hypothetischen Raum der faktischen Macht eintritt, also eigentlich in den Raum der reinen Spekulation. Erst in dem Augenblick nämlich kann er Utopist werden. Er hat dann die Perspektive der faktischen Macht angenommen, ohne überhaupt faktische Macht zu haben; er ist in die Welt der Taktik eingetreten, ohne der Taktik fähig und von der faktischen Macht dazu berechtigt oder gezwungen zu sein; er hat die Welt des Dienstes an der Wahrheit verlassen und wollte seine Wahrheit in die Welt des Dienstes der Macht schmuggeln, ohne freilich selbst der Macht dienen zu können und zu wollen. Außerhalb der Welt der Wahrheit versucht er weiter die Wahrheit zu sagen, und außerhalb der Welt der Macht will er mit der Macht spekulieren oder sie organisieren. Die respektable Rolle des Fürsprechers des Menschseins tauscht er gegen die ein wenig groteske Rolle des selbsternannten Ratgebers der Mächtigen. In der Rolle des Träumers war er nicht lächerlich (so wie ein Taktiker in der Rolle des Taktikers nicht lächerlich ist), lächerlich wurde er erst als taktierender Träumer. Ein taktierender Träumer ist nämlich ein Minister ohne Ministerium. General ohne Armee. Präsident ohne Republik. Seiner Stellung als Zeuge der Geschichte entfremdet, doch nicht zugleich aufgenommen in die Stellung als ihr Organisator, befindet er sich in einem eigenartigen Vakuum: außerhalb der Glaubwürdigkeit der Macht und außerhalb der Glaubwürdigkeit der Wahrheit.

Mit dem allen möchte ich nicht sagen, daß sich Dissidenten aus dem Sowjetblock nicht zu den politischen Realitäten und politischen Möglichkeiten des Erdteils äußern sollten, in dem sie leben, daß sie nicht die mannigfaltigen Grenzen ihres Wirkens erforschen und versuchen sollten, sie zu erweitern, daß sie nicht darüber nachdenken sollten, wie und bis wohin sie ihre Wahrheit ausbreiten können.

(Im übrigen ist die Geschichte unerforschlich, und man muß auf manches vorbereitet sein: denken wir nur daran, wie die Dissidenten aus dem polnischen KOR über Nacht zu praktischen Politikern werden mußten.)

Ich wollte nur erklären, warum ich glaube, daß die osteuropäischen Dissidenten in besonderer Weise wachsam sind und es wohl auch in Zukunft sein werden, wann immer sie sich an Friedensunternehmungen beteiligen.

UNSER SCHICKSAL IST UNTEILBAR

«Jeder von uns hat, kurz gesagt, die Möglichkeit zu begreifen, daß auch er – und sei er noch so bedeutungslos und machtlos –, die Welt verändern kann. Jeder aber muß bei sich anfangen: würde einer auf den anderen warten, warteten alle vergeblich. Es ist nicht wahr, daß das nicht geht: die Macht über sich selbst, wie sehr sie auch in jedem von uns durch Charakter, Herkunft, Bildungsgrad und Selbstbewußtsein problematisiert sein mag, ist das einzige, was auch der machtloseste von uns hat, und sie ist zugleich das einzige, das niemandem von uns genommen werden kann.»

Der Umstand, daß vor mir so viele hervorragende Persönlichkeiten, in deren Reihe aufgenommen zu werden mir nicht geringe innere Schwierigkeiten verursacht, mit dem Erasmus-Preis geehrt worden sind, macht mir die Formulierung meines Dankes nicht gerade leicht. Das einzige, was meine begreifliche Scham abschwächt, ist das Gefühl, daß die Würdigung meiner literarischen Arbeit auch eine Würdigung der Charta 77 einschließt. Ohne die Erfahrungen, die mir das zehnjährige Wirken in der Charta 77 gegeben hat, und ohne die Unterstützung, die ich in ihr gefunden habe, hätte ich nämlich einiges von dem wenigen, was ich in den letzten Jahren erreicht habe, wohl kaum erreicht. In der Ehrung, die durch mich – obwohl indirekt – die Charta 77 erlangt, fühle ich vor allem noch etwas mehr: die Anerkennung aller, die sich – trotz aller Beschwerlichkeiten – in diesem Teil Europas, in dem zu leben mir gegeben ist, um ein Leben in Wahrheit bemühen, die sich auch hier bemühen, laut zu sagen, was sie denken, die sich des Menschen annehmen gegenüber allem entmenschlichten Druck, die sich um eine bessere Welt bemühen, um eine Welt ohne Kriege, ohne die Herrschaft der Lüge, ohne Gewalt, ohne Erniedrigung des Menschen und ohne Vernichtung des winzigen Partikels des Kosmos, auf dem wir leben.

Erlauben Sie also, daß ich dem Erasmus-Ausschuß für diese hohe Ehre sowohl in meinem Namen danke wie auch im Namen aller Menschen in Osteuropa, die sich bemühen, frei zu leben und zu schaffen, oder die mit denen, die sich darum bemühen, sympathisieren.

Die Tatsache, daß ich in dem Teil Europas lebe, der von Ihnen getrennt ist und in den der Erasmus-Preis heute zum erstenmal wandert, führt mich ganz natürlich zu dem Versuch, bei dieser feierlichen Gelegenheit über die Frage nachzudenken, wie man der Teilung dieses Kontinents entgegenwirken kann.

Auf vielen Seiten, von den Regierungen bis zu verschiedenen nichtkonformen gesellschaftlichen Bewegungen, spricht man immer häufiger vom Ideal eines Europa als Weltteils der freundschaftlichen Zusammenarbeit unabhängiger und gleichberechtigter Nationen, von dem statt der Drohung kriegerischer Konfrontation der Supermächte Frieden in die Welt ausstrahlen sollte. Wie unterschiedlich auch in unterschiedlichen Fällen das Maß der Aufrichtigkeit sein mag, mit der diese Vision geschildert wird, zweifelsohne ist es eine schöne Vision. Europa ist durch eine hohe Schranke geteilt, deren materialisierter Ausdruck die Berliner Mauer ist.

Was können wir tun, damit sich diese schöne Vision eines Tages in Wirklichkeit verwandelt? Was können wir tun, damit jede europäische Nation, souverän und vollberechtigt, sich nicht vor ihren Nachbarn fürchten muß? Was können wir tun, damit sich alle europäischen Länder der politischen Demokratie und der sozialen Gerechtigkeit erfreuen können und in der Lage sein werden, den weniger entwickelten Gebieten der Welt auf eine Weise zu helfen, die tatsächlich ihren Möglichkeiten entspricht? Was können wir tun, damit sich jeder Europäer frei und sicher

164

fühlt, damit er Rechtssicherheit genießt und würdig und sinnvoll leben kann? Was können wir tun, damit unsere jungen Mitbürger nicht lange Jahre damit verbringen müssen zu lernen, wie man Menschen umbringt, und damit die europäischen Wissenschaftler ihren Scharfsinn dem Schutz der Natur statt der Konstruktion immer raffinierterer Waffen zuwenden können?

Ich glaube, daß jeder von uns zumindest zwei Dinge tun kann. Und ich spüre eine tiefe Symbolik darin, daß diese beiden Dinge in lockerer Beziehung zu dem Vermächtnis des großen Europäers Erasmus von Rotterdam stehen.

Das erste: Alle haben wir die Möglichkeit, immer aufs neue zu wiederholen, daß wir das wollen, was wir wollen; alle können wir trotz der harten politischen Realitäten und trotz aller Beschränkungen, die dem menschlichen Charakter und dem geistigen, sittlichen und sozialen Zustand der gegenwärtigen Zivilisation entstammen, laut unsere Ideale artikulieren und sie aktiv durchzusetzen versuchen; alle können wir diesen Idealen vieles von unserem persönlichen Glück opfern, wenn wir zumindest ein wenig mit dem tschechischen Philosophen Jan Patočka glauben, daß es Dinge gibt, für die es lohnt zu leiden; alle können wir den eigenartigen, logischen und zugleich rätselhaften Imperativ akzeptieren, der besagt, daß man sich so verhalten soll, wie man glaubt, daß alle sich verhalten sollen. Jeder von uns hat, kurz gesagt, die Möglichkeit zu begreifen, daß auch er – und sei er noch so bedeutungslos und machtlos – die Welt verändern kann. Die Rätselhaftigkeit dieses Imperativs besteht in der Unwahrscheinlichkeit der Vorstellung, daß auch nur irgend jemand von uns sozusagen die Erdkugel bewegen könnte. Seine Logik besteht darin: Wenn nicht ich, du, er, wir, wir alle uns zu diesem Weg entschließen, dann kann sich in der Tat nicht einmal die

Welt bewegen, in der wir leben, die wir mitgestalten und die wir verantworten. Jeder muß bei sich anfangen: würde einer auf den anderen warten, warteten alle vergeblich. Es ist nicht wahr, daß das nicht geht: Die Macht über sich selbst, wie sehr sie auch in jedem von uns durch Charakter, Herkunft, Bildungsgrad und Selbstbewußtsein problematisiert sein mag, ist das einzige, was auch der Machtloseste von uns hat, und sie ist zugleich das einzige, das niemandem von uns genommen werden kann. Wer sie geltend macht, erreicht möglicherweise nichts. Mit Sicherheit aber erreicht nichts, wer nicht einmal das versucht.

Erasmus hat ein bemerkenswertes Buch geschrieben: «Das Lob der Torheit». Offensichtlich ist das erste, was ich hier empfehle, der Mut, ein Tor zu sein. Tor in dem schönsten Sinne des Wortes. Versuchen wir, Toren zu sein, und verlangen wir mit allem Ernst die Veränderung des angeblich Unveränderlichen! Wird nicht übrigens heute an dieser Stelle eigentlich ein Tor geehrt? Und werden hier nicht durch seine Vermittlung Hunderte von anderen Toren geehrt, die nicht zögern, durch ihr Rufen nach der Veränderung des Unveränderlichen Jahre im Gefängnis zu riskieren, und die bereit sind – völlig töricht –, gegen die Riesenmacht der Staatsbürokratie und der Polizei die ärmliche Macht ihrer Schreibmaschine zu setzen? Ich bin weit davon entfernt, mich oder meine Freunde oder osteuropäische Dissidenten irgend jemandem zum Beispiel zu geben. Ich weiß, wie tapfer zum Beispiel die Holländer sich während des Zweiten Weltkriegs verhalten haben, und ich glaube überhaupt nicht, daß es im Osten mehr tapfere Menschen gibt als im Westen. Stünden sie in denselben Situationen, in denen manche von uns gestanden haben und stehen müssen, würde sich manche von ihnen gleich oder besser bewähren. Wüßte ich das nicht, würde ich nicht sagen, was ich hier sage. Wenn ich jene gute Art der Torheit gerade hier und jetzt empfehle, dann nur aufgrund meiner Gewißheit, daß alle Menschen in ganz Europa ihrer fähig sind, und daß ohne die allmähliche Einrichtung einer Art gesamteuropäischer Gemeinschaft der Toren weder wir noch Sie etwas ausrichten werden.

Damit bin ich eigentlich schon zum zweiten Ding übergegangen, von dem ich denke, daß es in der Macht eines jeden von uns steht, und das ebenfalls mit dem Vermächtnis des Erasmus zusammenhängt. Erasmus wird mit Recht verstanden als große – vielleicht die letzte – Personifizierung der europäischen Integrität. Er reiste durch ganz Europa, litt an gesamteuropäischen Problemen und wurde in ganz Europa geehrt und um Rat und Hilfe gebeten. (Unter anderem: Die überhaupt erste Übersetzung seines berühmtesten Buches aus dem Lateinischen in eine andere Sprache war eine Übersetzung ins Tschechische.) An dem heraufkommenden europäischen Schisma trug er schwerer als die meisten seiner Zeitgenossen. Er versuchte – erfolglos – angesichts dieses Schismas die Einheit des europäischen Geistes, des europäischen Bewußtseins, der europäischen Tradition zu wahren und zu retten. Diese Werte hatten dabei ihren Schnittpunkt in dem Gedanken, daß das, was im höchsten Sinne menschlich ist, auch christlich ist und daß also der Anspruch der Menschlichkeit, wenn ihn alle ehren, imstande ist, die Streitigkeiten anderer Ansprüche zu überbrücken, seien sie nun konfessioneller, nationaler oder machtpolitischer Natur. Er träumte sogar von einer Art übernationaler Bruderschaft der Weisen. Jan Patočka, dem durch ein Zusammentreffen von Umständen kurz vor Ende seines Lebens die wagemutige Würdigung zuteil wurde, als Sprecher der Charta 77 von Ihrem Außenminister anläßlich seines Besuchs in

Prag empfangen zu werden, hat seinerzeit von der «Gemeinde der Erschütterten» geschrieben. Ist dieser Gedanke nicht eine Art zeitgenössischer Variante der alten Ideen des Erasmus? Und ist nicht die Erschütterung dieser Gemeinde eigentlich die Quelle jener guten Art der Torheit? Geht es nicht also de facto wiederum um jene europäische Gemeinschaft der Toren?

Warum aber spreche ich von dem allen? Mir scheint, daß diese schöne Vision eines freien, friedliebenden und nicht in Blöcke zerteilten Europas nicht durch die Verhandlungen von Regierungen oder Präsidenten, sei es in Helsinki, in Genf, in Wien oder anderswo, nähergebracht wird und nähergebracht werden kann, wenn nicht ihre Teilnehmer die Unterstützung ihrer Völker haben. Diese Vision wird Europa einfach der heutigen harten Welt abtrotzen müssen; die europäischen Regierungen allein sind nicht imstande, eine solche Aufgabe zu leisten, und die Erfüllung bloß von den Großmächten zu erwarten würde bedeuten, ihren Sinn selbst zu bestreiten: der besteht doch nicht darin, seine Sache definitiv einem andern zu übergeben, sondern sie im Gegenteil endlich selbst in die Hand zu nehmen. Die Europäer können sich freilich ihre Vision nur dann ertrotzen, wenn sie dazu einen wirklichen, ernsthaften inneren Grund haben, nämlich, wenn etwas sie verbinden und gemeinsam motivieren wird, was ich europäisches Bewußtsein nennen möchte. Ein tiefes Gefühl der Einheit, und sei es der Einheit in der Unterschiedlichkeit. Das tiefe Bewußtsein der tausendjährigen gemeinsamen Geschichte und geistigen Tradition, gegeben durch das Zusammenfließen und Zusammenwirken des antiken und christlich-jüdischen Elementes. Der erneuerte Respekt gegenüber den geistigen Prinzipien, aus denen alles Gute erwachsen ist, was Europa geschaffen hat. Europa setzt sich überwiegend aus kleinen Nationen zusammen, deren geistige und politische Geschichte sie mit Tausenden von Fäden gegenseitig zu einem einzigen Gewebe verknüpfen. Ohne das Bewußtsein und Erlebnis dieser Wirklichkeit, ohne neues Verständnis ihres Sinnes und ohne Stolz darauf wird sich ein europäisches Bewußtsein nicht erneuern. Und ohne seine Erneuerung kann man nur schwerlich auf durchgreifendere politische Veränderungen in Richtung auf eine europäische Gemeinschaft unabhängiger Nationen hoffen. Wenn also von dem Gedanken einer humanistischen Bruderschaft der Gebildeten des Erasmus eine unsichtbare Verbindungslinie zu Patočkas «Gemeinde der Erschütterten» führt, mündet dann diese Linie nicht schließlich in das Ideal einer Art Rekonstitution des europäischen Selbstbewußtseins?

Die zweite Sache, die – schon jetzt und überall – in unserer Macht steht, ist das neue Verständnis unserer gemeinsamen europäischen Zusammengehörigkeit.

Ich bin insgesamt ein nüchterner Mensch, doch nichtsdestoweniger kann meinem Blick die Tatsache nicht entgehen, daß sich Anzeichen gerade dessen im Verlaufe der letzten Jahre gezeigt haben und sich mehren.

Nur ein kleines Beispiel: In den fünfziger Jahren waren in unserem Land lange Jahre Tausende von unschuldigen Menschen im Gefängnis, und der Westen wußte im Grund nichts davon, geschweige denn, daß er sich darum kümmerte. Anfang der siebziger Jahre waren bei uns einige Dutzend politischer Gefangener eingesperrt. Über die wußte man in der Welt schon gut Bescheid, doch viele Solidaritätserklärungen mit ihnen gab es nicht (zum Teil aus dem tragisch verfehlten Verständnis der Entspannungspolitik als ingrimmiges Schweigen zur Willkür der anderen Seite). Als Ende der siebziger Jahre ich mit meinen Freunden eingesperrt wurde, erhob sich in der Welt schon fast ein Chor der Solidarität; bis zu meinem Tode werde ich davon gerührt und dankbar dafür sein. Beweist nicht auch dieses Beispiel, daß die Westeuropäer sich immer deutlicher bewußt machen, was den Osteuropäern schon lange und schmerzhaft bewußt ist: daß nämlich auch eine andere Hälfte Europas existiert? Und ist nicht dieses stärker werdende Bewußtsein der solidarischen Zusammengehörigkeit eine der Ursachen für die hoffnungsvolle Tatsache, daß man uns heute doch nur unter größeren Schwierigkeiten einsperren kann als noch in den fünfziger Jahren?

Äußerung des neu sich bildenden europäischen Bewußtseins – jedenfalls für mich persönlich – ist nicht die traditionelle, traditionell ideologische und mehr oder weniger routinierte antikommunistische Rhetorik einiger westlicher Staatsmänner, die gewöhnlich bestimmt ist, steigende Militäretats zu verteidigen. Die wird uns schwerlich retten. Worum es geht, ist etwas anderes: das unauffällige, je weniger ideologische, desto tiefer und innerlicher gefühlte, alltäglich wirksam geäußerte und so fest wie möglich in den Seelen und Herzen der Völker verwurzelte Bewußtsein von der Einheit unserer Schicksale. Und gerade auf diesem Felde sehe ich hoffnungsvolle Signale. Als ob den Westeuropäern allmählich klar würde, daß ihre eigenen Probleme nicht gelöst werden, solange nicht auch die osteuropäischen gelöst werden. Als ob sie anfingen, sich klarzumachen, daß sie den Blick nach Osten verhängen und sich einreden, es betreffe sie nicht, was dort geschieht. Als ob sie immer stärker begriffen, wie zweideutig ihr westliches Glück wäre, wenn es auf Dauer mit dem östlichen Unglück bezahlt würde, und wie notwendig es sich früher oder später in Unglück verwandeln müßte. Und wie sich so langsam die Landschaft der prosperierenden westlichen

170

Länder mit Atomraketen anzufüllen beginnt, beginnen sich die westlichen Menschen zu fragen, welchen Sinn das hat. Diese Frage wendet ihren Blick notwendigerweise auf den anderen Teil Europas, wo ähnliche Raketen stehen und darüber hinaus riesige konventionelle Armeen. Und dieser Blick weckt in ihnen noch eine Frage: Warum sind ihre östlichen Nachbarn davon nicht so beunruhigt wie sie? Glauben die wirklich, ihre Raketen seien – im Unterschied zu den westlichen – friedlich? Diese neue Frage ruft schließlich Interesse an den Verhältnissen in Osteuropa hervor, am Stand der Menschenrechte in der anderen Hälfte Europas, an einer Situation, in der der allerbescheidenste Protest gegen irgendeine Rakete brutal bestraft und jedes Interesse an allgemeinen Dingen im Keim erstickt wird. Der paradoxe Kreis schließt sich: dank der Raketen, die im Westen aufgestellt werden, beginnen sich Tausende von Westeuropäern die Fraglichkeit des Konsumglücks bewußt zu machen, das erkauft ist mit der Gleichgültigkeit gegenüber dem Schicksal des Menschen ein paar Kilometer weiter im Osten, beginnen sie sich für diesen Menschen zu interessieren, beginnen ihn als ihren Bruder wahrzunehmen, als den, dessen Schicksal wesenhaft mit dem ihren verbunden ist. Oder wieder: Das europäische Bewußtsein wird geboren. Es ist traurig, daß sich um seine Wiedergeburt – unter anderen – gerade so fürchterliche Gegenstände verdient machen, wie es die gegenwärtigen Waffen sind. Doch es ist gut, daß dieses Bewußtsein entsteht.

Unser Schicksal ist in der Tat unteilbar; je moderner die Waffen sind, die uns umgeben, desto deutlicher ist seine Unteilbarkeit; unsere einzelnen Freiheiten sind immer deutlicher unser aller Freiheiten; die Bedrohung der einen bedeutet immer auch die Bedrohung der anderen; die schreckliche Eigenbewegung der modernen Macht, die dauernd von Frieden redet und dauernd sich auf den Krieg vorbereitet, reißt uns alle mit, gemeinsam in denselben Abgrund; der Angriff auf die Menschenwürde und die Menschenrechte, wie sie die europäische Tradition geschaffen und Amerika zuerst kodifiziert hat, ist – von wem und wo auch immer geführt – gegen alle gerichtet.

Laßt uns – wir alle und gemeinsam – die verderbenbringende Torheit der Welt zum Stillstand bringen, indem wir ihr eine andere und bessere Torheit in den Weg stellen: nämlich die Torheit unserer Vision einer friedvollen gesamteuropäischen Gemeinschaft, die Torheit unseres europäischen Bewußtseins.

Zum Schluß will ich die Aussage wagen, daß einer der Beweise für meine Behauptung eines sich erneuernden Europäertums für mich auch der heutige Tag ist, an dem ein kleines westeuropäisches Land vierhundertfünfzig Jahre nach dem Tod eines großen Europäers, den es der Welt gegeben hat, zum erstenmal seinen höchsten Kulturpreis einem Menschen verleiht, der in einem kleinen osteuropäischen Land lebt. Ich bin nämlich überzeugt, die Holländer beweisen, indem sie heute einen Tschechen gerade mit dem Erasmus-Preis auszeichnen, daß für sie – wie für jenen Tschechen – nur ein Europa existiert, geteilt zwar in der Politik, doch ungeteilt und unteilbar im Geiste.

EREIGNIS UND
TOTALITÄT

«Der Gesang der Begeisterten und das Klagen der Gefolterten sind verklungen; die Rechtlosigkeit hat sich
Seidenhandschuhe angezogen und ist aus den berüchtigten Folterkammern umgezogen in die gepolsterten
Büros der Bürokraten.

Das spät-totalitäre System stützt sich auf so raffinierte, komplexe und mächtige Manipulationsinstrumente, daß es Mörder und Ermordete nicht nötig hat.
Um so weniger benötigt es eifernde Erbauer von Utopien, die mit ihren Träumen von einer besseren Zukunft Unruhe stiften. Der Begriff «real existierender
Sozialismus», den sich diese Ära für sich selbst ausgedacht hat, deutet an, für wen darin kein Platz ist: für
Träumer.»

Einer meiner Freunde, ein schwerer Asthmatiker, wurde aus politischen Gründen zu mehreren Jahren Gefängnis verurteilt; er litt dort sehr, weil seine Mitgefangenen in der Zelle rauchten und er nicht atmen konnte. Alle seine Gesuche um Verlegung zu Nichtrauchern blieben unbeachtet. Seine Gesundheit, sein Leben waren ernsthaft gefährdet. Eine Amerikanerin, die davon erfahren hatte und ihm helfen wollte, rief ihren Bekannten an, Redakteur in einer bedeutenden amerikanischen Tageszeitung, und fragte ihn, ob er nicht darüber schreiben wolle. Der Redakteur antwortete ihr: «Ruf mich an, wenn der Mann gestorben ist.»

Das ist zwar ein schockierender Vorfall, doch ist er in gewissem Sinne verständlich: die Zeitung braucht eine «story». Asthma ist keine Story. Der Tod könnte eine Story daraus machen.

In Prag ist ein einziger westlicher Agenturjournalist ständig akkreditiert. Im Libanon, einem unverhältnismäßig viel kleineren Land, als es die Tschechoslowakei ist, gibt es Hunderte von Journalisten. Das ist verständlich: während hier sozusagen «nichts geschieht», ist der Libanon ein Land voller Ereignisse. Er ist allerdings ein Land voller Mord, Krieg und Tod. Doch das hängt miteinander zusammen: seit Menschengedenken ist der Fluchtpunkt jedes wirklichen Ereignisses der Tod.

Wir sind ähnlich dran wie mein Freund: wir verdienen keine Aufmerksamkeit, weil wir keine Ereignisse haben und keinen Tod. Wir haben nur Asthma. Und wer hätte Interesse daran, unseren stereotypen Husten anzuhören? Man kann schließlich nicht ewig darüber schreiben, daß jemand Atemschwierigkeiten hat.

Mich quält nicht, daß hier keine Terroristen wüten, daß sich die Leute nicht auf der Straße ermorden, daß es keine großen Korruptionsaffären gibt, nicht einmal stürmische Demonstrationen oder Streiks.

Mich quält etwas anderes: daß die bestürzende Abwesenheit effektvoller Stories, über die die Weltpresse schreiben könnte, hier durchaus nicht der Ausdruck gesellschaftlicher Harmonie ist, sondern nur die äußere Folge eines sehr gefährlichen Tiefenprozesses: der Zerstörung des «Ereignisses überhaupt». Fast täglich bin ich gezwungen, mir in irgendeinem Zusammenhang die Doppeldeutigkeit der gesellschaftlichen Ruhe bewußt zu machen, die im Grunde nur der sichtbare Ausdruck des unsichtbaren Krieges des totalitären Systems mit dem Leben ist.

Es stimmt also nicht, daß hier nicht Krieg geführt und nicht gemordet wird. Der Krieg und das Morden hier haben nur eine andere Gestalt: aus der Sphäre des zu beobachtenden Lebens- und Gesellschaftsgeschehens sind sie in das Grau von deren nicht zu beobachtender innerer Destruktion zurückgetreten. Es ist, als ob der einzigartige, absolute, sozusagen «klassische» Tod des Ereignisses (bei all seinem Schrecken immer noch irgendwie rätselhafterweise imstande, dem menschlichen Leben Sinn zu geben) hier vom langsamen, unauffälligen, zwar unblutigen und niemals ganz absoluten, dafür aber furchtbar allgegenwärtigen Tod des «Nicht-Geschehens», «Nicht-Ereignisses», «Nicht-Lebens» verdrängt würde. Eine Art seltsames, kollektiv tötendes – oder genauer: abtötendes – soziales und historisches Nichtigwerden. Dieses Nichtigwerden hebt den Tod als Tod auf, und damit auch das Leben als Leben: das Leben des Menschen verändert sich zu eintönigem Funktionieren als Teil einer großen Maschine, und sein Tod in dessen Außerbetriebnahme.

Alles weist darauf hin, daß dieser Zustand die Wesensäußerung eines ausgereiften und stabilisierten totalitären Systems ist, ja sogar unmittelbar aus seinem Wesen erwächst.

Westliche Besucher sind in der Regel schockiert, daß Tschernobyl und AIDS hier nicht der Quell von Schrekken, sondern Gegenstand von Witzen sind.

Ich gebe zu, daß mich das nicht überrascht: weil vollkommen nichtstofflich, ist das totalitäre Nichtigwerden einerseits noch unsichtbarer, allgegenwärtiger und gefährlicher als der AIDS-Virus oder die Radioaktivität von Tschernobyl, andererseits – paradoxerweise – betrifft es jeden von uns «physischer», intimer und drängender (wir kennen es aus unserer alltäglichen und durch und durch persönlichen Erfahrung, nicht nur aus der Zeitung oder dem Fernsehen).

Ist es unter diesen Umständen verwunderlich, daß weniger hinterhältige und weniger intime Bedrohungen in den Hintergrund geschoben werden und man Scherze über sie macht?

Die Unsichtbarkeit triumphiert hier freilich noch aus einem anderen Grund: Die Destruktion des Ereignisses ist die Destruktion des grundlegenden Instruments der menschlichen Erkenntnis und Selbsterkenntnis. Das totalitäre Nichtigwerden nimmt nämlich dem Menschen «von außen» die Möglichkeit, es überhaupt zu beobachten und zu begreifen. Der Mensch hat eigentlich nur zwei Alternativen: es am eigenen Leibe zu erfahren oder nichts davon zu wissen. Über sich selbst zu referieren, erlaubt diese Bedrohung nicht.

Ein ausländischer Tourist kann deshalb hier den ganz legitimen Eindruck haben, sich in einer ärmeren und langweiligeren Schweiz zu befinden; die Presseagenturen haben einen legitimen Grund, ihre Filialen aufzulösen: niemand kann schließlich von ihnen verlangen, darüber zu berichten, daß es nichts zu berichten gibt.

Ich werde versuchen, einige Bemerkungen zum Thema Herkunft und Charakter unseres Asthmas zu machen.

Ich werde versuchen anzudeuten, daß das Verschwinden des Ereignisses aus diesem Winkel der Welt auch ein Ereignis ist.

In den fünfziger Jahren gab es in unserem Land riesige Konzentrationslager und darin Zehntausende unschuldiger Menschen. Auf den Baustellen der Jugend drängten sich dabei Zehntausende von Begeisterten des Neuen Glaubens und sangen Aufbaulieder. Es wurde gefoltert und hingerichtet, dramatisch über die Grenze geflohen, konspiriert – und zugleich Feiergedichte auf den Haupt-Diktator geschrieben. Der Präsident der Republik unterschrieb die Todesurteile seiner nächsten Freunde, doch war es eigenartigerweise möglich, ihm hin und wieder auf der Straße zu begegnen.

Der Gesang der Idealisten und Fanatiker, das Toben der politischen Verbrecher und Leiden der Helden gehört seit Menschengedenken zur Geschichte. Die fünfziger Jahre waren zwar eine böse Zeit, doch solche hat es in der Menschheitsgeschichte häufig gegeben. Immer noch konnte man sie diesen Zeiten zuordnen oder zumindest mit ihnen vergleichen; immer noch erinnerte sie irgendwie an Geschichte. Ich würde nicht wagen zu behaupten, in dieser Zeit sei nichts geschehen, oder sie habe das Ereignis nicht gekannt.

Das grundlegende programmatische Dokument der politischen Macht, die nach der sowjetischen Invasion im Jahre 1968 in der Tschechoslowakei installiert wurde, hieß «Belehrung aus den Krisenjahren». Darin war etwas Symbolisches: diese Macht hat sich wirklich belehrt. Sie hat gemerkt, wohin es führen kann, wenn der Pluralität der Ansichten und Interessen das Tor auch nur einen Spaltbreit geöffnet wird: zur Bedrohung ihres totalitären Wesens selbst. So belehrt, verzichtete sie auf alles außer der Erhaltung ihrer selbst: alle Mechanismen der direkten und indirekten Manipulation des Lebens begannen in einer Art Eigendynamik sich in bisher ungekannte Formen auszuwachsen; nichts durfte mehr dem Zufall überlassen bleiben.

Die letzten neunzehn Jahre in der Tschechoslowakei können fast als ein Schulbeispiel für ein ausgereiftes oder spät-totalitäres System dienen: revolutionäres Ethos und Terror wurden abgelöst von dumpfer Unbeweglichkeit, alibistischer Vorsicht, bürokratischer Anonymität und geistlosem Stereotyp, deren einziger Sinn darin besteht, immer vollkommener zu dem zu werden, was sie sind.

Der Gesang der Begeisterten und das Klagen der Gefolterten sind verklungen; die Rechtlosigkeit hat sich Seidenhandschuhe angezogen und ist aus den berüchtigten Folterkammern umgezogen in die gepolsterten Büros der Bürokraten. Den Präsidenten der Republik kann man höchstens einmal hinter den Panzerglasscheiben seines Autos erblicken, wenn er, umgeben von einem Polizeikonvoi, zum Flugplatz rast, um Oberst Ghadafi willkommen zu heißen.

Das spät-totalitäre System stützt sich auf so raffinierte,

komplexe und mächtige Manipulationsinstrumente, daß es Mörder und Ermordete nicht nötig hat. Um so weniger benötigt es eifernde Erbauer von Utopien, die mit ihren Träumen von einer besseren Zukunft Unruhe stiften. Der Begriff «real existierender Sozialismus», den sich diese Ära für sich selbst ausgedacht hat, deutet an, für wen darin kein Platz ist: für Träumer.

Der Ausgangspunkt jedes Ereignisses ist bekanntlich die Begebenheit. Die Begebenheit – als der Einbruch einer «Logik» in die Welt einer anderen «Logik» – begründet dann das, woraus jedes Ereignis erwächst und wovon es sich nährt: die Situation, die Beziehung und den Konflikt. Auch das Ereignis freilich hat seine «Logik», es ist jedoch die Logik des Dialogs, des Aufeinandertreffens und gegenseitigen Einwirkens verschiedener Wahrheiten, Haltungen, Gedanken, Traditionen, Leidenschaften, menschlicher Wesen, höherer Mächte, gesellschaftlicher Bewegungen und ähnliches, also mehrerer souveräner oder selbständiger und sich gegenseitig zuvor nicht determinierender Kräfte. Grundvoraussetzung des Ereignisses ist also die Pluralität der Wahrheiten, «Logiken» und Subjekte des Entscheidens und Handelns. Die Logik des Ereignisses ähnelt der Logik des Spiels: es ist eine Logik der Spannung zwischen Bekanntem und Unbekanntem, zwischen Regel und Zufall, Notwendigkeit und Unvorhersehbarkeit (zum Beispiel die Unvorhersehbarkeit dessen, was die Konfrontation der Notwendigkeiten unterschiedlicher Ordnung hervorruft). Niemals wissen wir mit Bestimmtheit im voraus, was aus der Ausgangskonfrontation hervorgeht, was noch in sie eintritt, worin sie ausmündet oder wie sie ausgeht; niemals ist im voraus klar, welche der Potentialitäten einen der «Spieler» aufweckt und zu welcher Tat ihn diese oder jene Tat des «Gegenspielers» bewegt. Schon allein deshalb ist eine wesenhafte Dimension jedes Ereignisses das Geheimnis. Durch das Ereignis spricht uns nicht ein bestimmtes Subjekt der Wahrheit an, sondern die menschliche Welt offenbart sich darin als ein erregender Raum des Kontaktes vieler solcher Subjekte.

Grundpfeiler des gegenwärtigen totalitären Systems ist die Existenz eines einzigen, zentralen und monopolistischen Subjekts aller Wahrheit und Macht (eine Art institutionalisierte «geschichtliche Vernunft»), die auf ganz natürliche Weise auch zum einzigen Subjekt allen gesellschaftlichen Geschehens wird. Dieses Geschehen hört auf, Raum für die Konfrontation verschiedener, mehr oder weniger souveräner Subjekte zu sein, und wandelt sich zum bloßen Erscheinen und Erfüllen der Wahrheit und des Willens des einzigen Subjekts. In einer Welt, die von diesem Prinzip beherrscht wird, gibt es keinen Platz für das Geheimnis; der Besitz der vollständigen Wahrheit bedeutet, daß alles im voraus gewußt wird. Und wo alles im voraus gewußt wird, hat das Ereignis nichts, woraus es erwachsen kann.

So ist offensichtlich, daß das totalitäre System von seinem Wesen her (nämlich vom Wesen seines Grundprinzips her) «antiereignishaft» orientiert ist.

Mit der Zerstörung des Ereignisses verschwindet notwendigerweise auch das Gefühl der Geschichtlichkeit: die erste Hälfte der siebziger Jahre in der Tschechoslowakei habe ich persönlich als die Zeit einer Art des «Stehenbleibens von Geschichte» in Erinnerung: als ob das öffentliche Geschehen seine Struktur verloren habe, seine Fallhöhe, Richtung, Spannung, seinen Rhythmus und sein Geheimnis; ich weiß nicht, was früher war oder was später, wodurch sich ein Jahr vom anderen unterschied, was eigentlich geschehen ist, und mir scheint, daß es wohl auch gleichgültig ist: zusammen mit der Unvorhersehbarkeit geht auch das Gefühl für den Sinn verloren.

Die Geschichte wurde durch Pseudogeschichte ersetzt, durch rhythmisierte kalendarische Jahrestage, Kongresse, Feiern und Spartakiaden. Also durch genau die Art künstlichen Geschehens, das nicht offenes Spiel einander entgegentretender Subjekte ist, sondern eindimensionales, durchsichtiges und vollständig vorhersehbares Selbsterscheinen (und Selbstfeiern) des einzigen zentralen Subjektes der Wahrheit und Macht.

Und weil die menschliche Zeit einzig durch das Ereignis und die Geschichte erfahren werden kann, verschwand allmählich auch die Erfahrung der Zeit: es schien, die Zeit trete auf der Stelle oder drehe sich im Kreise, es schien, sie zerfiele in Splitter austauschbarer Augenblicke. Der Lauf der Dinge, von nirgendwo nach nirgendwo, verlor den Charakter des Ereignisses und damit auch den tieferen Sinn; der Verlust des Horizonts der Geschichtlichkeit machte das Leben sinnlos.

Die totalitäre Macht brachte bürokratische «Ordnung» in die lebendige «Unordentlichkeit» der Geschichte, womit sie sie als Geschichte abtötete.

Die Regierung hat sozusagen die Zeit verstaatlicht. Deswegen traf sie das Schicksal so vieler anderer verstaatlichter Dinge: sie begann abzusterben.

Wie ich schon angedeutet habe, hat die Tschechoslowakei schon lange das revolutionäre Ethos verloren; hier herrschen nicht Fanatiker, Revolutionäre oder ideologische Eiferer; unser Land wird von gesichtslosen Bürokraten verwaltet, die zwar verbal eine revolutionäre Ideologie bekennen, sich in Wirklichkeit aber nur um sich selbst kümmern und an nichts glauben. Die ursprüngliche Ideologie ist für diese Macht schon seit langem nur ein formalisiertes

Ritual, das es ihr ermöglicht, sich in Raum und Zeit zu legitimieren, und ihrer inneren Kommunikation Sprache verleiht.

Wie ist das zu erklären?

Ganz einfach: durch das Alter und den höchst konservativen (im Sinne: konservierenden) Charakter des Systems: je weiter es sich vom ursprünglichen revolutionären Aufschwung entfernt, desto sklavischer hält es sich an alle eigenen konstitutiven Prinzipien als an die einzige Gewißheit in einer ungewissen Welt, um sie in ihrer eigenen, stumpfen Eigenbewegung langsam, seelenlos und unaufhaltsam in monströse Wirklichkeit zu verwandeln. Das unaufhörliche Festigen, Entwickeln und Vervollkommnen der totalitären Strukturen dient schon längst nur mehr der bloßen Selbsterhaltung der Macht, gerade deshalb jedoch ist es die beste Garantie, daß auch das, was in der ursprünglichen Ideologie nur verborgen genetisch kodiert war, ungestört und in aller Fülle erblühen kann. Den Fanatiker, der diese Eigenbewegung durch die Unerforschlichkeit seines Eifers für die «höhere Sache» stören könnte, hat der bürokratische Pedant abgelöst, dessen zuverlässige Unauffälligkeit die ideale Hüterin der geistlosen Kontinuität des spät-totalitären Systems ist.

Ich glaube, das Phänomen des totalitären Nichtigwerdens ist eine der späten Früchte einer verblühten Ideologie.

Das totalitäre System ist nämlich nicht vom Himmel gefallen als irgendeine reine «Struktur an sich». Und es ist ebenfalls nicht das Werk eines Entarteten, der dem Chirurgen das Skalpell gestohlen hat, das zur Operation eines Geschwürs im Körper des Kranken bestimmt war und dann anfing, gesunde Leute damit zu ermorden.

Es genügt, das Gewirk verschiedener dialektischer Finten zu durchdringen, und wir stellen fest, daß der Keim des Nichtigwerdens schon im Ausgangspunkt der Ideologie selbst beschlossen liegt, auf dem dieses System begründet ist, nämlich in ihrer selbstbewußten Überzeugung, die Welt komplett begriffen und ihre Wahrheit enthüllt zu haben. Und wenn das Hauptgebiet ihrer Selbstgewißheit die Geschichte ist, ist es dann ein Wunder, daß ihre zunichtemachenden Intentionen am deutlichsten aus ihrer Haltung zur Geschichte herausstrahlen?

Begonnen hat es mit der Auslegung der Geschichte von einem einzigen Aspekt aus, mit der Verabsolutierung dieses Aspektes und schließlich der Reduktion aller Geschichte auf ihn: ihre erregende Vielgestaltigkeit wurde ersetzt von einem übersichtlichen Spiel «historischer Gesetzmäßigkeiten», «gesellschaftlicher Formationen» und «Produktionsbeziehungen», die dem ordnungsliebenden Auge des Szientisten so wohl tun. Dieses Spiel verdrängte allerdings allmählich aus der Geschichte genau das, was das menschliche Leben strukturiert, nämlich die Zeit und damit auch die Geschichte selbst, also das Ereignis; das Ereignis hat dann auch seine beiden grundlegenden Pole mit ins Reich des Bedeutungslosen genommen: die Einzigartigkeit und die wesenhafte Vieldeutigkeit. Und weil das Geheimnis des Ereignisses nur das artikulierte Geheimnis des Menschen ist, verlor die Geschichte allmählich den menschlichen Gehalt. Die Einzigartigkeit des Menschengeschöpfs wurde zur bloßen Ausschmückung der historischen Gesetze, und die Spannung des konkreten Geschehens wurde in der Sphäre des Zufälligen vertrieben, sie ist daher der Aufmerksamkeit der Wissenschaft nicht würdig. Geschichtsschreibung verwandelte sich in Langeweile.

Das Zunichtemachen der Vergangenheit machte die Zukunft zunichte: als «historische Gesetzmäßigkeiten» in sie hineinprojiziert wurden, wurde mit einemmal deutlich, was sein wird und was sein muß. Der Glanz dieser Gewißheit verbrannte das Wesen der Zukunft: ihre Offenheit. Mit dem Projekt des irdischen Paradieses als letztem Ziel der Geschichte, das alle gesellschaftlichen Konflikte beseitigt, alle schlechten menschlichen Eigenschaften und wohl auch alles menschliche Leid, fand das Werk der Vernichtung seinen Höhepunkt: die zur Abstraktion ewiger Harmonie versteinerte Gesellschaft und der zur Statue eines dauernden Inhabers des Glücks versteinerte Mensch wurden zu stillen Vollstreckern der intellektuellen Exekution der Geschichte.

Im übrigen gibt die Ideologie, indem sie sich als Instrument der endlichen Rückkehr der Geschichte zu sich selbst ausgibt, ihre Zerstörungswut unwillkürlich selbst zu. Durch sie versteht sich angeblich die Geschichte endlich selbst, durch sie hat sie begriffen, wohin sie zielt und auch weiterhin zielen muß: unter ihrer Führung. Die Ideologie hat also die historische Notwendigkeit dessen enthüllt, was geschehen muß, und zugleich die historische Notwendigkeit ihrer selbst als derjenigen, die da kommt, die Notwendigkeit zu erfüllen. Also: Die Geschichte hat ihren definitiven Sinn gefunden. Hat aber Geschichte, die ihren Sinn gefunden hat, noch einen Sinn? Und ist das überhaupt noch Geschichte?

Die Ideologie, angeblich auf der Autorität der Geschichte begründet, wird zum größten Feind der Geschichte.

Es ist eine beiderseitige Feindschaft: wenn die Ideologie die Geschichte zerstört, indem sie sie vollständig erklärt, so vernichtet die Geschichte die Ideologie, indem sie anders verläuft, als diese es ihr vorgeschrieben hat.

Die Ideologie kann freilich die Geschichte nur ideologisch vernichten. Die Macht, die auf ihr begründet ist, hat bessere Möglichkeiten: sie kann sie real unterdrücken. Ja, sie muß es sogar tun: wenn sie in ihrem eigenwilligen Verlauf der Ideologie Illusionismus nachwiese, nähme sie damit auch der Macht ihre Legitimation.

Indem sie die Geschichte zunichte macht, verteidigt die Macht selbstverständlich nicht nur ihre ideologische Legitimation. Vor allem verteidigt sie damit ihre totalitäre Identität: haben wir doch gesehen, wie wenig sich diese Identität mit der Geschichtlichkeit verträgt.

Auch sie jedoch hat ihre feste ideologische Verankerung: das Prinzip des einzigen zentralen Subjekts der Wahrheit und der Macht, dieses Rückgrat des totalitären Systems, könnte wohl kaum überhaupt entstehen, sich entwickeln und festigen, wenn es sich nicht vom ersten Augenblick an auf die Selbstgewißheit einer Ideologie stützte, die so stolz andere Ansichten verachtet und so überlegen die eigene historische Sendung und den Umfang der Rechte betont, den ihr diese Sendung gibt. Die gesamte totalitäre Macht ist durchdrungen vom intoleranten Geist und der Mentalität dieser Ideologie, die nicht fähig ist, Pluralität anders als das Böse oder als eine Formalität aufzufassen, sie hat ihn schon mit der Muttermilch eingesogen und ist bis heute davon begleitet und genährt, sie verkörpert in sich eben dieses. Und ihr zentrales Prinzip kann mit Recht verstanden werden als das folgerichtige Zu-Ende-Denken der ursprünglichen Ideologie und die vollkommene Inkarnation ihres Stolzes; als ihr legitimes Produkt nährt sie aus dieser Ideologie auch die zunichtemachende Energie, um ihr theoretisches Werk erfolgreich praktisch zu vollenden.

Man kann sagen, daß die gegenwärtige Asthmatisierung der Gesellschaft nur die natürliche Fortsetzung des Krieges ist, den einst das intellektuelle Selbstbewußtsein dem Ereignis, der Geschichte und damit auch dem Leben selbst erklärt hat.

Man kann sagen, die Langeweile sei aus den Geschichtsbüchern in das reale Schicksal der Nation übergesprungen.

Gestützt auf die Gewißheit, die totale Wahrheit zu besitzen und also auch Anspruch auf die totale Macht zu haben, beschränkt die sich konstituierende totale Macht vor allem ihre Hauptkonkurrenten: andere Machtkomponenten. Zunächst also geht die politische Pluralität unter. Parallel dazu oder unmittelbar danach geht notwendigerweise auch die geistige und wirtschaftliche Pluralität unter; eine Macht, die sie respektieren würde, wäre nicht total.

Das Ereignis wird also zunächst aus dem öffentlichen Leben verdrängt.

Durch ihr eigenes spezifisches Gewicht, nämlich durch das Gewicht ihres eigenen totalitären Wesens, neigt diese Macht freilich dazu, ihre Totalität immer weiter zu vertiefen und ihren Aktionsradius immer weiter auszuweiten; sie erkennt keine Autorität an, die ihr übergeordnet wäre oder sie einschränken würde. Oder: Wenn der Anspruch der zentralen Macht einmal über Gesetz und Moral gestellt wird, wenn die Macht keiner öffentlichen Kontrolle ihres Tuns mehr unterliegt und die institutionelle Garantie der politischen Pluralität und Bürgerrechte zu einer Komödie verwandelt oder einfach aufgehoben wird, dann ist auch jeglicher Grund geschwunden, irgendwelche sonstigen Beschränkungen zu achten. Und so bleibt die Expansion der zentralen Macht nicht einmal an der Grenze zwischen privatem und öffentlichem Leben stehen, verschiebt sie willkürlich, bis sie schließlich schamlos auch im bislang rein privaten Raum interveniert. (Wenn zum

Beispiel einst der Taubenzüchterverband eine gewisse Art von Autonomie hatte, wurde auch er bald von der zentralen Macht kontrolliert: die Grenze des Kontrollierten wurde von politischen Parteien zu Taubenzüchterverbänden verschoben. Aber selbst dort ist sie begreiflicherweise nicht stehengeblieben: heute läuft sie eigentlich auch schon durch mein Schlafzimmer, das abgehört wird, und trennt mein Atmen als mein Privatissimum von meinen Aussagen als etwas, was dem Staat nicht gleichgültig sein kann.)

Mit dem Verbot von Oppositionsparteien und der Einführung der Zensur hört also der Angriff auf das Ereignis und damit auf das Leben selbst nicht auf, sondern fängt im Gegenteil erst an.

In gewisser Hinsicht sind allerdings die indirekten Interventionen noch gefährlicher (weil verborgener): in der modernen Welt ist das öffentliche Leben vom privaten bei weitem nicht scharf getrennt; aufgrund einer Unzahl von Zivilisationserscheinungen sind diese beiden Sphären durch Tausende von gegenseitigen Bindungen verknüpft. Deshalb sind das öffentliche und das private Leben heute im Grunde nur zwei Formen, Pole oder Dimensionen eines einzigen und infolgedessen nicht teilbaren Lebens; alles, was auf der öffentlichen Szene geschieht, dringt – sei es auch manchmal auf sehr verborgenen und komplizierten Wegen – bis zum Privaten vor, beeinflußt es und schafft es manchmal sogar mit. Das Zunichtemachen des öffentlichen Lebens deformiert deshalb unausweichlich auch das private Leben, verbiegt es und macht es schließlich zunichte; jeder Schritt in Richtung auf eine gründlichere Kontrolle des ersten findet seinen Widerhall unselig auch in der Gestalt des zweiten.

Der Angriff auf die Pluralität und das Ereignis auf öffentlichem Boden ist also nicht nur Angriff auf eine Seite oder einen Bereich des Lebens, sondern Angriff auf das Leben als Ganzes.

Die Zwangsjacke gegenseitig verknüpfter direkter und indirekter Manipulationsinstrumente, in die das Leben eingebunden ist, beschränkt notwendigerweise die grundlegenden Möglichkeiten seiner Selbsterscheinung und Selbststrukturierung; deshalb verkommt es, verödet, verfällt, wird eingeebnet und wertlos, wird zum Pseudo-Leben.

Als ich im Gefängnis war, ist mir immer wieder bewußt geworden, um wieviel mehr dort – verglichen mit dem Leben draußen – das Ereignis gegenwärtig ist. Fast jeder Gefangene stellt ein einzigartiges, schockierendes oder im Gegenteil rührendes Ereignis dar; als ich den verschiedenen Erzählungen lauschte, schien es mir, ich befände mich in einer Art «vortotalitären» Welt, oder einfach in der Welt der Literatur. Was immer ich von den bunten Geschichten meiner Mitgefangenen dachte, etwas waren sie bestimmt nicht: Dokumente des totalitären Nichtigwerdens. Im Gegenteil: sie waren Zeugnis der Widerspenstigkeit, mit der die menschliche Einzigartigkeit ihrer Zunichtemachung entgegentritt, und der Halsstarrigkeit, mit der sie auf sich selbst besteht und bereit ist, den zunichtemachenden Druck zu ignorieren. Ohne Rücksicht darauf, ob in diesem oder jenem Augenblick die Gesichter von Gaunern oder von Unglücklichen überwogen, es war entschieden eine Welt individueller Gesichter. Nach der Rückkehr habe ich irgendwo geschrieben, daß man in einer Zelle für vierundzwanzig Leute mehr einzigartigen Geschichten begegnen kann als in einer Siedlung mit mehreren tausend Menschen. Tatsächlich asthmatisierte Menschen – jene farblosen, untertänig gehorsamen, gleichgeschalteten und zu Herdenvieh gewordenen Bürger gibt es im Gefängnis nicht viele. Eher bildet sich dort ein Sammelpunkt von Menschen, die herausragen, sich nicht einreihen lassen, nirgendwohin passen, die eigenartig und auf alle möglichen Arten besessen sind, kaum zu adaptieren.

Im Gefängnis gibt es wohl immer eine größere Dichte von auf diese oder jene Weise den Rahmen sprengenden Menschen als in Freiheit. Trotzdem bin ich überzeugt, daß das, was ich beobachtet habe, unmittelbar mit den totalitären Verhältnissen zusammenhängt; der Charakter mancher Geschichten hat das geradezu bestätigt.

Das ist eigentlich ganz logisch: je größer der Kranz von Manipulationsinstrumenten, mit denen das System das Leben entindividualisiert, desto stärker ist deren Zusammenschluß, um so gründlicher wird alles tatsächlich Eigenartige an die Peripherie des «normalen» Lebens verdrängt und schließlich über seine Grenze hinaus – also ins Gefängnis. Das Wirken des repressiven Apparates, der die Menschen ins Gefängnis schickt, ist nur organischer Bestandteil und Höhepunkt des allgemeinen Drucks der Totalität auf das Leben: ohne den Horizont dieser äußersten Drohung würde manche andere Drohung an Gewicht und Glaubwürdigkeit verlieren. Übrigens ist es sicher kein Zufall, daß es in der Tschechoslowakei – pro Kopf der Bevölkerung – ein Mehrfaches an Gefängnisinsassen gibt als etwa in den USA: es ist klar, daß die Kriminalität – die wirkliche – bei uns nicht um so viel größer sein kann.

Höher ist hier bloß der Anspruch an die Gleichheit und dessen unvermeidliche Folge: die Kriminalisierung der Andersartigkeit.

Wenn sich die Einzigartigkeit der Subjekte, die in das Ereignis eintreten, erst durch das Ereignis selbst offenbart und vollständig realisiert, wenn also sozusagen die Einzigartigkeit das Ereignis braucht, um sie selbst zu sein, dann braucht zugleich das Ereignis die Einzigartigkeit und setzt sie voraus: ohne einzigartige – also gegenseitig unterscheidbare – Subjekte, die in es eintreten und die es bilden, könnte es nicht entstehen. Die Einzigartigkeit und das Ereignis sind also wie siamesische Zwillinge, das eine ist ohne das andere nicht denkbar, man kann sie nicht voneinander trennen.

Sie haben auch ein gemeinsames Zuhause: die Pluralität. Die Pluralität ist nicht nur die Voraussetzung des Ereignisses, sondern auch der Einzigartigkeit, weil jegliche Einzigartigkeit nur neben einer anderen Einzigartigkeit möglich ist, mit der sie verglichen und von der sie unterschieden werden kann; wo es nicht mehrere Einzigartigkeiten gibt, dort gibt es keine Einzigartigkeit.

Der Angriff auf die Pluralität ist also ein Angriff auf das Ereignis und auf die Einzigartigkeit. Und wenn das totalitäre System in der Pluralität seinen Erzfeind sieht, muß es notwendigerweise auch die Einzigartigkeit unterdrücken. Und wirklich: Die Welt der ausgereiften Totalität zeichnet sich durch ein auffälliges Zurückgehen der Einzigartigkeit aus; als ob auf allem der Überzug einer gewissen Unbestimmtheit, Ausdruckslosigkeit, Unidentifizierbarkeit klebe, der alles gleichmacht und grau einfärbt. Es bleibt auch – paradoxerweise – an seiner Quelle selbst kleben: indem es aus seiner Welt alle übrigen mit ihm vergleichbaren Subjekte ausgeschlossen hat, hat das zentrale Subjekt schließlich auch sich selbst die Einzigartigkeit genommen; von daher die seltsame Formlosigkeit, Transparentheit, ja Unfaßbarkeit der Macht, von daher die Ausdruckslosigkeit ihrer Reden, von daher die Anonymität ihrer Entscheidungen, von daher die Unverantwortlichkeit: wie kann ein Subjekt mit so verwischter Identität, das darüber hinaus – ist es doch weit und breit allein – nicht einmal jemandem verantwortlich sein kann, wirklich verantwortlich sein?

Der Widerwille gegen das Einzigartige ist nicht das bewußte Programm herrschender Einzelner; sondern die wesenhafte Äußerung des totalitären Wesens des Systems, dessen Zentralismus sich einfach mit der Einzigartigkeit nicht verträgt: indem es die Pluralität vernichtet, vernichtet dieses System automatisch jegliche Eigenart, Besonderheit, Unvorhersehbarkeit, Souveränität, Vielheit und Buntheit. Wenn wir alle Farben mischen, kommt ein schmutziges Grau heraus. Die Intention der Totalität ist die totale Gleichmachung, ihre Frucht ist die Uniformität, Herdenhaftigkeit, Gleichschaltung.

Und so verschwindet allmählich und unwiederbringlich die Vielheit der individuellen Traditionen, Gewohnheiten, Lebensstile und Lebenshaltungen, die Einzigartigkeit der Lokalitäten und ihres Klimas, der menschlichen Institutionen und Gemeinschaften, Produktionen und Gegenstände.

Das standardisierte Leben bildet standardisierte Bürger heraus, ohne individuellen Willen. Es gebiert gleichgemachte Menschen mit gleichgemachten Geschichten. Es ist ein Großhersteller der Banalität.

Wer sich zu sehr widersetzt, zu sehr verzweifelt, wer zu sehr auf etwas Eigenem und von der allgemeinen Norm Abweichendem besteht oder wer den Versuch unternimmt, der standardisierten Nichtigkeit zu entfliehen – sei es in das Ausland oder auf einen «Trip» –, wer also kurz gesagt das vorgeschriebene Aussehen der gleichgemachten Welt stört und sich so aus der Gesellschaft «ausgliedert», wie man sagt, der ist unaufhaltsam auf dem Wege dorthin, wo er der Silhouette des gesellschaftlichen Lebens nicht mehr schaden kann: ins Gefängnis.

Aus einem Ort der Strafe für Verbrechen wurde eine «Besserungsanstalt»: der Abfallkorb der menschlichen Besonderheit und ihrer bizarren Ereignisse.

Wann immer ich mich in einer neuen Zelle befand, wurde ich gefragt, woher ich sei. Wenn ich sagte, aus Prag, war die nächste Frage: «Woher aus Prag?»

Mir wäre im Leben nicht eingefallen, mich als Bewohner von Dejvice zu deklarieren. Zuerst hat mich die Frage überrascht, bald jedoch habe ich sie verstanden: in dieser altmodischen Welt individueller Ereignisse spielt noch eine so altmodische Sache eine Rolle, wie es die Einzigartigkeit einer städtischen Lokalität ist. Es gibt offenbar noch Menschen, für die Dejvice, Holešovice oder Libeň nicht nur Wohnadressen sind, sondern ein Zuhause. Menschen, die nicht vor dem gleichmachenden und nichtigmachenden Druck der Siedlungen kapituliert haben (an ihnen erkennt man nicht, in welcher Stadt sie sich befinden) und die noch an der Nichtaustauschbarkeit ihrer Straße, der Kneipe an der Ecke, des ehemaligen Kaufmanns, der gegenüber seinen Laden hatte, hängen – und an der geheimnisvollen Bedeutsamkeit der Ereignisse, die mit diesen Lokalitäten verbunden sind.

Es scheint mir traurig symbolisch zu sein, daß ich eine der natürlichsten Fragen – wo mein Zuhause ist – am häufigsten im Gefängnis hören konnte.

Die Geschichte des Systems, in dem ich lebe, hat deutlich bewiesen, daß ohne die Pluralität wirtschaftlicher Initiativen und Subjekte, ohne Wettbewerb, Konkurrenz, Markt und deren institutioneller Garantie die Wirtschaft stagniert und verfällt.

Warum stellt sich dieses System trotzdem so eigensinnig jedem Versuch zur Erneuerung dieser bewährten Instrumente wirtschaftlicher Bewegung entgegen? Warum sind alle Versuche in dieser Richtung bisher entweder hoffnungslos halbherzig geblieben oder unterdrückt worden?

Der tiefste Grund ist, glaube ich, nicht einmal die Befürchtung der Führer, ein solcher Versuch könne im Widerspruch zur ursprünglichen Ideologie stehen, nicht einmal ihr bloß persönlicher Konservatismus, ja, nicht einmal die Befürchtung, die Einschränkung der wirtschaftlichen Macht des Zentrums könne zur Beschränkung der politischen Macht führen.

Der echte Grund ist meiner Meinung nach – wiederum – das totalitäre Wesen des Systems bzw. seine gewaltige Trägheit. Das totalitäre System muß einfach alles kontrollieren, oder es ist nicht totalitär. Es kann nicht eine ganze Sphäre des Lebens (und dazu noch eine so wichtige) aus seiner Kontrolle entlassen und dabei nicht seine Identität verlieren. Mit der Anerkennung institutioneller Garantien wirtschaftlicher Pluralität und dem Akzeptieren der Pflicht, sie zu respektieren, würde die totale Macht die Berechtigung von etwas anderem anerkennen, als es der eigene totale Anspruch ist, der Anspruch von etwas Höherem, ihr Übergeordnetem, was sie auf legitime Weise einschränkt. Würde sie dieses jedoch durchführen, bestritte sie damit ihre eigene Totalität und hörte so auf, sie selbst zu sein. Einer derartigen Selbstzerstörung des totalitären Systems hat bisher immer seine enorme Trägheit entgegengewirkt. (Ich habe verständlicherweise keinen Grund, im vorhinein zu behaupten, es könne in der Zukunft gegen diese Trägheit nicht eine noch mächtigere Kraft auftreten, unter deren Druck das System auf sein totalitäres Wesen verzichtet. Ich behaupte bloß, daß dies bisher noch nie geschehen ist.)

Warum ich aber jetzt davon spreche: Wenn die gleichmachende und daher zunichtemachende Reichweite der politischen und geistigen Zentralisierung auf den ersten Blick deutlich ist, dann ist die analoge Reichweite der wirtschaftlichen Zentralisierung – als eines der indirekten Mittel der allgemeinen Manipulation des Lebens – bei weitem nicht so offensichtlich. Um so gefährlicher aber ist sie.

Wo es die natürliche Pluralität wirtschaftlicher Initiativen nicht gibt, verschwindet selbstverständlich auch das Spiel im Wettbewerb stehender Hersteller und ihrer wettstreitenden unternehmerischen Einfälle, das Spiel von Angebot und Nachfrage, des Arbeits- und Warenmarktes, der wählbaren Beschäftigungsbeziehungen, es verschwinden die Stimuli des Schöpferischen und ihres Risikos, das Drama des ökonomischen Aufstiegs und Falls. Der Mensch als Hersteller hört so unauffällig auf, Teilhaber oder Schöpfer des wirtschaftlichen Ereignisses zu sein, und verwandelt sich in eine gleichgültige Maschine, deren stereotyper Gang nicht mehr imstande ist, die Zeit wirklich menschlich zu strukturieren. Alle sind Angestellte des Staates als des einzigen zentralen Subjektes der wirtschaftlichen Wahrheit und Macht, und als solche tauchen sie in der Anonymität des kollektiven wirtschaftlichen «Nichtereignisses» unter.

Durch den Verlust seiner Einzigartigkeit als relativ souveränes Subjekt des Wirtschaftslebens verliert der Mensch ein Stück seiner sozialen und menschlichen Einzigartigkeit und damit auch einen Teil der Perspektive auf ein eigenes menschliches Ereignis.

Mit der wirtschaftlichen Pluralität verschwinden verständlicherweise auch die Motive zum Wettbewerb auf dem Verbrauchermarkt. Die zentrale Macht kann zwar von der «Befriedigung differenzierter Bedürfnisse» sprechen, doch der ökonomische Druck der nichtpluralistischen Wirtschaft selbst nötigt sie, das genaue Gegenteil zu tun: die Produktion zu integrieren und das Sortiment zu vereinheitlichen. In dieser künstlichen ökonomischen Welt ist Buntheit nur eine ökonomische Komplikation.

Der Mensch als Verbraucher verliert die Möglichkeit der Wahl, wodurch er klarerweise wiederum weitreichend manipuliert wird: nicht nur, daß er fast ausschließlich auf Dinge angewiesen ist (wie alle Angehörigen der modernen Industriezivilisation), die er nicht selbst hergestellt hat, aber er kann darüber hinaus zwischen diesen Dingen nicht einmal wählen und zumindest so seine Einzigartigkeit realisieren: er hat das, was ihm der Monopolhersteller zuteilt. Also dasselbe, was allen anderen zugeteilt ist.

Der zentrale Möbeldesigner ist wohl nicht gerade der typischste Vertreter des totalitären Systems. Er ist aber möglicherweise weitaus stärker der unwillkürliche Verwirklicher von dessen zunichtemachenden Intentionen als fünf Minister zusammen: Millionen Menschen haben keine andere Möglichkeit, als ihr ganzes Leben lang von den Möbeln umgeben zu sein, die er ausgedacht hat.

Ich übertreibe absichtlich: vom Gesichtspunkt des ökonomischen Interesses der zentral geleiteten Produktion aus wäre es am günstigsten, wenn im ganzen Staat eine Sorte Fertigbauteile hergestellt würde, aus denen man eine Sorte Häuser baute, die wären mit einer Sorte Türen, Fenster, Klosetts, Türklinken, Waschbecken usw. ausgestattet, und zusammen würden sie eine Sorte Siedlungen bilden, die nach einem einzigen, standardisierten urbanistischen Plan errichtet würden, der sich – mit Rücksicht auf die verurteilungswürdige Groteskheit der Erdoberfläche – an die verschiedensten Landschaften anpassen ließe. (In allen Wohnungen gäbe es selbstverständlich denselben Typ Fernseher, der dasselbe Programm bietet.)

Unauffällig, aber unaufhaltsam, unabsichtlich, aber unausweichlich beginnt so, dank der Wirtschaft, wie sie vom totalitären System geboren wird, alles einander ähnlich zu werden: Bauten, Bekleidung, Arbeitsplätze, Ausschmükkung, Verkehr, die Art der Unterhaltung, das Verhalten in der Öffentlichkeit und zu Hause.

Dieses allgemeine Gleichmachen des Lebensraumes, das getreu die inneren Tendenzen des totalitären Systems widerspiegelt, macht notwendigerweise auch die Lebensart und ihren Rhythmus gleich, den Umfang der Lebensalternativen, den Umkreis der Sehnsüchte und Aversionen, die Sinneserfahrung und auch den Geschmack. Es verflacht die Welt, in der der Mensch lebt.

Die Einzigartigkeit verkümmert in einem solchen Milieu, und die Ereignisse werden austauschbar.

Ist es da ein Wunder, daß ein ambitionierter Journalist lieber im Libanon sein Leben riskiert?

Will ein Bürger unseres Staates die Grenzen überschreiten, die Anstellung wechseln, seine Wohnung oder den Küchenherd tauschen oder eine Amateurvorstellung organisieren, muß er gewöhnlich eine ermüdende Anabase in Ämtern absolvieren, eine Menge Genehmigungen, Bestätigungen und Empfehlungen beschaffen und sich erniedrigen oder zumindest die Zähne zusammenbeißen angesichts des aufgeblasenen und gleichgültigen Ungeheuers der Bürokratie. Das ist erschöpfend, lästig und enervierend. Manch einer verzichtet aus purer Unlust oder mentaler Unfähigkeit, sich dem allen zu unterziehen, oder aus Furcht, er werde dabei zu Tode geschleift, früh auf alle seine individuellen Einfälle, Sehnsüchte und Projekte.

Und damit verzichtet er natürlich auf etwas aus seinem potentiellen Ereignis. Vielleicht auf etwas Nebensächliches. Doch der Prozeß des Nachgebens beginnt immer mit kleinen Dingen.

Ein anderes indirektes Instrument des Zunichtemachens ist offensichtlich die alles durchdringende bürokratische Regulierung des bürgerlichen Alltags, jener besonderen Zone, in welcher die öffentlichen Dinge das private Leben jedes Menschen zwar sehr «alltäglich» infiltrieren, dafür aber sehr ausdauernd und aufdringlich. Die Anzahl jeder einzelnen Ausübung von Druck, der wir in dieser Zone täglich begegnen, bildet in der Summe eine Art Horizont, der wichtiger ist, als es auf den ersten Blick scheinen mag: er begrenzt nämlich den Raum, in dem zu atmen wir verurteilt sind.

Es ist wenig Luft darin. Doch wiederum nicht so wenig, daß wir ersticken und eine Story daraus würde.

Die Palette der Arten, mit denen das totalitäre System direkt und indirekt unser Leben nichtig macht, ist mit diesen Beispielen selbstverständlich nicht erschöpft.

Die Aufhebung der politischen Pluralität nimmt der Gesellschaft die grundlegende Möglichkeit der Selbststrukturierung, weil sie den vielfältigen Interessen, Ansichten und Traditionen nicht erlaubt, sich zu offenbaren und geltend zu machen. Die Aufhebung oder drastische Einschränkung der geistigen Pluralität erschwert dem Menschen die Wahl der Art und Weise, sich auf das Sein, die Welt und sich selbst zu beziehen. Die zentrale Leitung der Kultur und Informationen verengt den Horizont, auf dessen Hintergrund der Mensch zu seiner Einzigartigkeit reift. Die Forderung nach allgemeiner und vorbehaltloser Loyalität, die die Menschen in die Rolle von Statisten in einer Unzahl von leeren Ritualen drängt, führt zu allgemeinem Verzicht auf öffentliche Selbstverwirklichung; der Mensch hört auf, souveräner und selbstbewußter Teilnehmer am Leben der Gemeinde zu sein, und wird zum bloßen Instrument der Selbstverwirklichung des zentralen Sub-

jekts. Die allgegenwärtige Gefahr, für eine originale Äußerung bestraft zu werden, zwingt ihn dazu, ständig zu ver-
folgen, ob er sich auf dem rutschigen Boden seiner Lebens-
möglichkeiten vorsichtig genug bewegt, und schöpft damit
unsinnigerweise seine Kraft ab. Der umfangreiche Komplex bürokratischer Einschränkungen – von der Wahl des
Berufs oder Studiums, der Bewegungsmöglichkeit, vom
Rahmen der zulässigen schöpferischen Initiative bis zum
Umfang und der Art persönlichen Eigentums – verringert
in ungewöhnlicher Weise den Aktionsrahmen des Lebens.
Der totale Anspruch der Zentralmacht, die nur die eigenen
Grenzen respektiert, welche sie sich in diesem oder jenem
Augenblick aus praktischen Gründen selbst auferlegt,
schafft einen Zustand allgemeiner Ungewißheit; niemand
weiß je genau, woran er ist, was er wagen darf und was
nicht; die Überordnung der Exekutive über die Legislative
und Jurisdiktion sowie die faktische Allmacht der Polizei
nehmen dem Menschen das Gefühl der Gewißheit und
Sicherheit. Der obrigkeitliche Stolz des Verwaltungsappa-
rats, dessen Anonymität sowie der Untergang der individuellen Verantwortlichkeit in der formlosen Pseudover-
antwortlichkeit eines Systems, in dem sich de facto jeder
auf alles herausreden kann und zugleich jeder wessen auch
immer beschuldigt werden kann (denn der Wille der zen-
tralisierten Macht erkennt im Streit mit dem einzelnen keinen Schiedsrichter an), ruft das Gefühl der Machtlosigkeit
hervor und lähmt den Willen zum eigenen Leben.

Das alles zusammen – und noch viele andere und subti-
lere Dinge – steht im Hintergrund unseres Asthmas.

Nach außen hin läuft alles wie anderswo auch: die Menschen arbeiten, unterhalten sich, lieben sich, leben und
sterben. Unter dieser Oberfläche aber nagt eine verderb-
liche Krankheit.

«Ruf mich an, wenn er gestorben ist.»

In diesem Falle stirbt der Kranke nicht. Doch seine Krankheit geheimzuhalten bedeutet, sie und ihre Verbreitung zu unterstützen.

In den letzten Jahren sind in der Tschechoslowakei einige sehr gute Filmkomödien gedreht worden, die im In- und Ausland Erfolg haben, einige wurden sogar für einen Oscar vorgeschlagen.

Wie sehr ich mich auch in diesen Filmen unterhalte, ich kann mich bei ihnen des bedrückenden Eindrucks nicht erwehren, daß etwas nicht in Ordnung ist. Ein amerikanischer Zuschauer, der nicht Tag für Tag den hiesigen Typ des Asthmas erfährt, merkt natürlich nichts.

Was haben diese Filme gemeinsam?

Ich glaube, eine wichtige Sache: dem, was sich in ihnen ereignet, fehlt der geschichtliche Hintergrund. Und mit welchen verschiedenen äußeren und im Grunde nur dekorativen Mitteln diese Filme auch auf eine bestimmte Lokalität und bestimmte Zeit verweisen, in ihrem Wesen stehen sie irgendwie außerhalb von Raum und Zeit; was sich in ihnen ereignet, könnte sich zu beliebiger Zeit und an einem beliebigen Ort abspielen. Der totalitäre Druck operiert aus ihnen die Historizität gleich auf zwei Arten heraus: unmittelbar, nämlich durch Zensur und Selbstzensur, die ein ungewöhnlich gut entwickeltes Gefühl für die Erkenntnis dessen haben, was in wesentlicherer Weise die historische Dimension des Lebens erfassen könnte, und indirekt, nämlich durch die Destruktion der Geschichtlichkeit im Leben selbst. Die Geschichtlichkeit einer Zeit zu erfassen, in der ein globaler Angriff auf die Geschichtlichkeit unternommen wird, ist offenbar ungewöhnlich schwierig, es bedeutet, sich um die Story des Verlustes der Story zu bemühen, um die Story des Asthmas.

Dieser zweifache Typ des Drucks richtet die Schaffenden automatisch auf den privaten Bereich. Nur sind – wie ich schon gesagt habe – das private und das öffentliche Leben in der heutigen Welt (und insbesondere unter totalitären Verhältnissen) nicht voneinander zu trennen, es sind kommunizierende Gefäße, man kann nicht gut eines von ihnen erfassen und zugleich das andere ignorieren. Privates Leben ohne geschichtlichen Horizont ist reine Fiktion, Attrappe und zuletzt eigentlich Lüge.

Und wirklich: Das Bild des Lebens, das künstlich reduziert wird auf seine bloß private Dimension (bzw. ausgestattet mit nur äußerlichen Anzeichen der öffentlichen Dimension, die vorsichtig alles umgehen, was daran wesentlich ist), verändert sich unaufhaltsam zu einer seltsamen Anekdote, zu einem Genrebildchen, zu einer nachbarlichen Redensart oder einem Märchen, zu einer aus tausend lebendigen Einzelheiten aufgebauten vagen Idee. Auch das allerprivateste Leben ist in dieser Wiedergabe irgendwie eigenartig verbogen, häufig bis zu unglaubwürdiger Bizarrheit, geboren aus – paradoxerweise – krampfhaft gesteigertem Sehnen nach lebensnaher Glaubwürdigkeit. Es ist offensichtlich, was dieses Sehnen so gesteigert hat: das unterbewußte Bedürfnis, die Abwesenheit des zweiten Pols der Wahrheit auszugleichen. Als ob das Leben seiner wirklichen inneren Spannung, seiner echten Tragik und Größe, seiner wirklichen Fragen entledigt sei. Je reizvoller alle seine äußeren Züge karikiert sind, desto ernsthafter scheint das Werk an seinen inneren Themen vorbeizugehen. Indem es imitiert, verfälscht es eigentlich. Die Kalligraphie ersetzt die Zeichnung.

In den Filmen, von denen ich spreche, fehlt mir selbstverständlich nicht diese oder jene konkrete politische Realie; im übrigen gibt es immer welche darin, ja, sogar manchmal in größerem Maße, als sie dem Werk wohl tun. Mir fehlt darin etwas anderes: der freie Blick auf das Leben als Ganzes. Es ist also nicht Sache des Themas; ich kann mir einen Film vorstellen, in dem von nichts anderem die Rede wäre als von Liebe und Eifersucht und bei dem ich trotzdem diese innere Freiheit nicht entbehrte.

Während der Nazi-Okkupation sind bei uns einige populäre Lustspiele gedreht worden. Sie zeichneten sich durch eine ähnliche Nichtgeschichtlichkeit und der daraus folgenden Unwahrhaftigkeit aus. Und auch in ihnen war das nicht Sache des Themas: Szenen aus dem Konzentrationslager haben mir in ihnen nicht gefehlt. Mir fehlte darin die innere Freiheit, ich fühlte, daß ihr Humor bloß der gelungene Ausweg aus der Not ist.

Es ist interessant, wie man das schließlich immer erkennt.

Der inländische Erfolg der heutigen Filmkomödien ist problematisch. Die Menschen finden in ihnen nämlich einen eigenartigen Trost: sie bestätigen sich in der Illusion, daß das Asthma eigentlich nicht existiert, und sollte es existieren, daß man mit ihm leben könne; daß eigentlich nichts Wesentliches geschieht; daß ihr Leben nicht so öde ist, wie es ihnen in schwachen (genauer: starken) Momenten erscheint. Es ist für sie ein schmeichelhaftes Alibi.

In diesen Filmen gibt es einzigartige Ereignisse. Es fehlt in ihnen jedoch der zunichtemachende Druck, dem diese Ereignisse abgetrotzt sind. Die Leute sind begeistert, daß das Ereignis immer noch existiert, sie betäuben sich daran und belügen sich so selbst: sie vergessen, daß dieses Ereignis nur auf der Leinwand besteht. Es ist nicht das ihre.

Ich weiß nicht, ob man sich vor AIDS verstecken kann.

Mir scheint jedoch, daß man sich vor dem Virus des Nichtigmachens in keiner Reservation verbergen kann.

Es gibt eine Sphäre, in der im Gegenteil der Fremde die Spuren unseres Asthmas besser erkennen kann als derjenige, der daran leidet. Diese Sphäre ist das sichtbare oder öffentliche Gesicht des Alltagslebens der Gesellschaft. Wir haben uns schon lang an dieses Gesicht gewöhnt. Manchen der empfänglicheren Besucher macht es jedoch stutzen.

Es genügt zum Beispiel, auf der Rolltreppe der Metro zu stehen und die Gesichter der in Gegenrichtung Fahrenden zu beobachten. Diese Fahrt ist eine kurze Unterbrechung der ganztägigen Eile, ein plötzliches Anhalten des Lebens, eine minutenlange Erstarrung, die über den Menschen möglicherweise mehr aussagt, als er sich klarmacht. Vielleicht ist es sogar jener berühmte «Augenblick der Wahrheit». Der Mensch befindet sich hier auf einmal außerhalb jeglicher Beziehungen, er befindet sich zwar in der Öffentlichkeit, doch ist er mit sich selbst allein. Die Gesichter, die hier defilieren, sind allesamt seltsam leer, abgerissen, wie ohne Leben, ohne Hoffnung, ohne Sehnen. Ihr Blick ist verloschen und ihr Ausdruck stumpf.

Es genügt zu beobachten, wie sich die Menschen in den Geschäften, auf den Ämtern, in den Verkehrsmitteln zueinander verhalten: sie pflegen unwirsch, egoistisch, unhöflich und unwillig zu sein; für diejenigen, die verkaufen, ist der Kunde häufig nur lästig, die Verkäuferinnen bedienen ihn und unterhalten sich dabei weiter über ihre eigenen Angelegenheiten, auf Fragen antworten sie unwillig (soweit sie überhaupt eine Antwort darauf wissen). Autofahrer beschimpfen einander, die Leute, die Schlange stehen, stoßen einander an, drängen sich vor und schreien sich an. Beamten ist es gleichgültig, wie viele Leute auf sie warten und wie lange sie es tun; es ist ihnen einerlei, ob sie jemanden bestellt haben und dann selbst nicht da sind; es freut sie nicht, wenn sie jemandem entgegenkommen, und es tut ihnen nicht leid, wenn sie es nicht tun. Vielfach sind sie imstande, die Tür zuzuschlagen, während der Klient noch spricht. Das wäre nicht so deprimierend, wären sie nicht in manchen Dingen die einzige und höchste Instanz.

Es genügt, die Leute auf den Straßen zu betrachten: meist sind sie in Eile, voller Sorgen und nehmen nichts wahr; das Lockere, Fröhliche und Spontane ist aus den Straßen verschwunden. Am Abend oder in der Nacht wirken die Straßen leer und hoffnungslos; sind sie hier und da von einer fröhlich unmittelbaren Gesellschaft belebt, handelt es sich meist um Ausländer.

Aus dem alltäglichen öffentlichen Kontakt der Menschen verflüchtigt sich allmählich die Wärme, Offenheit, Freundlichkeit, unaufdringliche Geselligkeit. Als ob jeder nur an eines dächte: wo er das auftreiben könnte, was er gerade sucht. Gleichgültigkeit und Grobheit breiten sich aus. Auch in den Restaurants sind die Leute irgendwie verkrampft, kontrollieren sich, flüstern und schauen sich um, ob niemand sie hört. Zu letzten Inseln natürlicher Geselligkeit sind die Kneipen der vierten Kategorie geworden, eher in den Vorstädten als im Zentrum, die Kneipen, an die man sich später im Gefängnis erinnert. Aber auch dort gibt es mehr und mehr Gäste, die sich nur noch verbissen betrinken.

Ich glaube, der gemeinsame Boden all dieser und ähnlicher Erscheinungen ist eine Art unbestimmter Streß: die Menschen sind nervös, gereizt, ein wenig ängstlich oder im Gegenteil apathisch. Sie machen den Eindruck, als ob sie ständig von irgendwoher einen Schlag erwarten. Ruhe und gesunde Gewißheit werden von Aggressivität ersetzt.

Es ist der Streß von Menschen, die im ständigen Gefühl

der Bedrohung leben. Es ist der Streß unfreier, erniedrigter, enttäuschter, an nichts mehr glaubender Menschen. Es ist der Streß von Menschen, die gezwungen sind, täglich dem Sinnlosen und der Nichtigkeit entgegenzutreten.

Es ist der Streß der Bewohner einer belagerten Stadt.

Der Streß einer Gesellschaft, die nicht in der Geschichte leben darf.

Der Streß von Menschen, die der nichtigmachenden Strahlung der Totalität ausgesetzt sind.

Das Leben geht selbstverständlich weiter: gegen seine Manipulation sträubt es sich vielfältig, paßt sich an oder macht es sich in ihr wohnlich; real vernichtet ist es nicht und wird es schwerlich je sein; immer findet sich eine Ritze, in der es weiter wächst, eine Ebene, auf der es sich irgendwie entwickeln kann, eine Art und Weise, auf die es sich auch in diesem stickigen Milieu äußern und in Ereignissen strukturieren kann. Irgendwelche Geschichten werden wir mit unserem Handeln immer schreiben.

Ich schildere hier keinerlei Untergang der Menschheit. Ich versuche nur, auf den alltäglichen, verborgenen, unauffälligen, uneffektiven und unpathetischen Krieg aufmerksam zu machen, den das Leben mit der Nichtigkeit führt.

Ich versuche bloß zu sagen, daß der Kampf des Ereignisses und der Geschichte mit ihrer Zunichtemachung auch ein Ereignis ist und auch in die Geschichte gehört.

Es ist dies unser eigenartiges Metaereignis.

Wir können noch keine Aussage darüber machen, weil die traditionellen Erzählformen hier versagen. Wir kennen die Gesetze noch nicht, nach denen unser Metaereignis verläuft. Wir wissen noch nicht einmal genau, wer oder was seine negative Hauptgestalt ist (mit Sicherheit sind es nicht einige Einzelne im Machtzentrum: die sind in gewis-

sem Sinne dieselben Opfer von etwas, das über sie hinaus-
geht, wie alle übrigen).

Eines jedoch liegt auf der Hand: von unserem Asthma
muß gesprochen werden, nicht etwa, obwohl daran keine
Menschen sterben, sondern gerade deswegen.

Es bleibt eine Kleinigkeit: herauszufinden, wie man das
macht.

EIN WORT
ÜBER DAS WORT

«Dasselbe Wort kann einmal große Hoffnung ausstrahlen, ein anderes Mal nur Todesstrahlen aussenden. Dasselbe Wort kann einmal wahrhaftig und ein anderes Mal lügnerisch sein, einmal faszinierend und ein anderes Mal trügerisch. Einmal kann es herrliche Perspektiven eröffnen und ein anderes Mal nur Gleise verlegen, die in ganze Archipele von Konzentrationslagern führen. Dasselbe Wort kann einmal ein Baustein des Friedens sein, und ein anderes Mal kann jeder einzelne seiner Laute vom Echo der Maschinengewehre dröhnen.»

Der Preis, mit dem ich heute geehrt werde, heißt «Friedenspreis» und wurde mir von Buchhändlern verliehen, also von Leuten, die sich der Verbreitung des Wortes widmen. Das berechtigt mich wohl dazu, hier einmal nachzudenken über den geheimnisvollen Zusammenhang zwischen dem Wort und dem Frieden und überhaupt über die geheimnisvolle Macht des Wortes in der menschlichen Geschichte.

Am Anfang war das Wort, heißt es auf der ersten Seite eines der wichtigsten Bücher, die wir kennen. In diesem Buche bedeutet es, daß die Quelle aller Schöpfung das Wort Gottes ist. Gilt das nicht aber, im übertragenen Sinne, auch von allem menschlichen Tun? Ist es nicht auch in unserem Falle das Wort, das die eigentliche Quelle dessen ist, was wir sind, ja sogar die eigentliche Grundlage dieser Seinsweise im All, die wir Mensch nennen? Der Geist, die menschliche Seele, unser Sich-selbst-bewußt-Sein, die Fähigkeit, zu verallgemeinern und in Begriffen zu denken, die Welt als Welt zu begreifen (und nicht nur als etwas, was uns umgibt) und schließlich unsere Fähigkeit zu wissen, daß wir sterben, und trotzdem zu leben – ist dies alles nicht mittelbar oder unmittelbar auch durch das Wort geschaffen?

Wenn das Wort Gottes der Quell all seiner Schöpfung

ist, dann ist der Teil dieser Schöpfung, den das Menschengeschlecht darstellt, er selbst nur aufgrund eines anderen Wunders Gottes, nämlich des Wunders des menschlichen Wortes. Und wenn dieses Wunder der Schlüssel zur Geschichte des Menschen ist, dann ist es zugleich auch der Schlüssel zur Geschichte der Gesellschaft, ja, vielleicht ist es das erste nur, weil es das zweite ist; wäre nämlich das Wort nicht eine Art der Kommunikation zwischen zwei oder mehreren menschlichen «Ich», dann wäre es wohl überhaupt nicht.

Das alles wissen wir eigentlich irgendwie schon immer oder ahnen es zumindest; das Gefühl der besonderen Bedeutung und des besonderen Gewichtes des Wortes ist offenbar seit jeher im Bewußtsein der Menschheit gegenwärtig.

Doch das ist nicht alles: Aufgrund des Wunders des Wortes wissen wir wohl besser als andere Lebewesen, daß wir in Wirklichkeit sehr wenig wissen, daß es ein Geheimnis gibt – und indem wir zugleich die für uns fast konstituierende Macht des Wortes spüren, versuchen wir seit Menschengedenken das anzusprechen, was uns durch dieses Geheimnis verhüllt ist, und dieses durch unser Wort zu beeinflussen. Als Gläubige beten wir zu Gott, als Magier berufen oder verfluchen wir die Geister und versuchen so, mit unserem Wort in die natürlichen oder menschlichen Geschehnisse einzugreifen, als Angehörige der neuzeitlichen Zivilisation – ob nun gläubig oder nicht – setzen wir unsere Worte zu wissenschaftlichen Theorien und politischen Ideologien zusammen, mit denen wir – hier mit und dort ohne Erfolg – dem geheimnisvollen Lauf der Welt entgegentreten, mit denen wir – hier mit und dort ohne Erfolg – diesen Lauf beeinflussen.

Das heißt: Ob wir uns das nun bewußtmachen oder

nicht, wie immer wir uns das auch erklären, eines scheint offensichtlich zu sein: An die weltbewegende Macht des Wortes glauben wir seit jeher – und in gewissem Sinne mit Recht.

Warum sage ich «mit Recht»?

Ist denn wirklich das menschliche Wort so mächtig, daß es die Welt ändern und die Geschichte beeinflussen kann? Und wenn es je so mächtig war, gilt das auch noch heute?

Sie leben in einem Land, in dem es eine große Freiheit des Wortes gibt. Diese Freiheit kann jeder zu allem möglichen nutzen, ohne daß die übrigen das unausweichlich beachten oder sich gar damit befassen müßten. Es mag Ihnen daher scheinen, daß ich die Bedeutung des Wortes einfach deshalb überschätze, weil ich in einem Land lebe, wo für das Wort immer noch ins Gefängnis geworfen wird.

Ja, ich lebe in einem Land, wo das Gewicht und die radioaktive Strahlung des Wortes tagtäglich von den Sanktionen bestätigt werden, die das freie Wort auf sich zieht. Kürzlich hat sich die ganze Welt das zweihundertjährige Jubiläum der großen Französischen Revolution in Erinnerung gerufen, und damit mußten wir uns auch an die berühmte Erklärung der Menschen- und Bürgerrechte erinnern, eine Erklärung, in der gesagt wird, daß jeder Bürger das Recht hat, eine Druckerei zu besitzen. In denselben Tagen, also zweihundert Jahre nach dieser Deklaration, wurde mein Freund František Stárek zu zweieinhalb Jahren Gefängnis verurteilt, weil er die unabhängige Kulturzeitschrift «Vokno» herausgegeben hat – aber nicht etwa in einer privaten Druckerei, sondern auf einem quietschenden, vorsintflutlichen Vervielfältigungsapparat! Kurz vorher war mein Freund Ivan Jirous zu sechzehn Monaten Gefängnis verurteilt worden, weil er auf einer Schreibmaschine nur das herausgeschrien hatte, was jeder weiß: daß es in unserem Land viele Justizmorde gegeben hat und daß auch heute ein unrechtmäßig ins Gefängnis geworfener Mensch im Gefängnis zu Tode gequält werden kann. Mein Freund Petr Cibulka ist im Gefängnis, weil er im Samizdat herausgegebene Texte und Aufnahmen von nonkonformistischen Sängern und Musikgruppen verbreitet hat. Ja, das alles ist Wahrheit. Ich lebe wirklich in einem Land, in dem ein Schriftstellerkongreß oder eine dort gehaltene Rede das System erschüttern kann. Können Sie sich etwas Ähnliches in der Bundesrepublik Deutschland vorstellen? Ja, ich lebe in einem Land, das vor 21 Jahren erschüttert wurde von einem Text meines Freundes Ludvík Vaculík, der – als ob er meine Ausführungen über die Macht des Wortes bestätigen wollte – «Zweitausend Worte» hieß; dieser Text diente unter anderem als einer der Gründe für den nächtlichen Überfall unseres Landes durch fünf ausländische Armeen. Und es ist überhaupt kein Zufall, daß in dem Augenblick, in dem ich dieses hier schreibe, das hiesige Regime erschüttert wird von einer Seite Text – wiederum wie eine Illustration dessen, was ich hier sage – unter der Überschrift «Einige Sätze». Ja, ich lebe wirklich in einem System, wo das Wort alle Machtapparate erschüttern kann, wo das Wort stärker sein kann als zehn Divisionen, wo das wahrhaftige Wort Solschenizyns als etwas so Gefährliches empfunden wurde, daß es notwendig war, seinen Autor mit Gewalt in ein Flugzeug zu setzen und auszufliegen. Ja, ich lebe dort, wo das Wort Solidarität imstande war, einen ganzen Machtblock zu erschüttern.

Das alles ist wahr, es ist darüber schon viel geschrieben worden, und an dieser Stelle hat mein großer Vorgänger Lew Kopelew schon darüber gesprochen.

Mir allerdings geht es ein wenig um etwas anderes. Ich will nicht nur von dem unglaublichen Gewicht sprechen, welches das freie Wort in totalitären Verhältnissen gewinnt, ich will die geheime Macht des Wortes nicht nur dadurch illustrieren, daß es Länder gibt, in denen einige Worte mehr wiegen können als ein ganzer Zug voll Dynamit.

Ich möchte allgemeiner sprechen und mein Thema in seinen weiteren und widersprüchlicheren Zusammenhängen betrachten.

Wir leben in einer Welt, in der es möglich ist, daß ein Mächtiger aus einem ganz anderen Land auf einen Bürger Großbritanniens öffentlich und schamlos den Todespfeil richtet, nur weil der Betreffende ein bestimmtes Buch geschrieben hat. Der mächtige Mann tat dies angeblich im Namen von Milliarden seiner Mitgläubigen. Doch nicht nur das: In dieser Welt ist es möglich, daß ein gewisser – hoffen wir, nur ein kleiner – Teil dieser Milliarden sich mit dem erlassenen Urteil identifiziert.

Was ist das? Was bedeutet das? Ist das nur ein frostiger Hauch von Fanatismus, der seltsam auflebt zu Zeiten von Helsinki-Konferenzen, seltsam belebt von den ziemlich niederschmetternden Folgen der ziemlich niederschmetternden Expansion des Europäertums in Welten, die die Einfuhr einer fremden Zivilisation ursprünglich gar nicht wollten und denen schließlich diese zweideutige Einfuhr Hunderte von Milliarden und niemals zurückzuzahlende Schulden verursachte?

Sicher, es ist dies alles, selbstverständlich.

Doch es ist auch mehr: es ist ein Symbol.

Ein Symbol der rätselhaften Vieldeutigkeit, die jene große Macht des Wortes hat.

Ja, die Macht des Wortes ist nicht eindeutig und durchsichtig. Es ist nicht nur die befreiende Macht des Wortes von Walesa oder die warnende Macht des Wortes von

Sacharow, es ist nicht nur die Macht des – offenbar unsinnig ausgelegten – Buches von Rushdie.

Neben dem Wort Rushdies gibt es hier nämlich auch die Macht des Wortes Chomeinis. Neben dem Wort, das die Gesellschaft durch seine Freiheit und Wahrhaftigkeit elektrisiert, gibt es auch das hypnotisierende, trügerische, fanatisierende, rasende, betrügende, gefährliche, todbringende Wort. Das Wort – ein Pfeil.

Ich glaube, daß ich gerade Ihnen nicht ausführlich die schwarze Magie des Wortes erläutern muß, weil Sie am eigenen Leib vor verhältnismäßig kurzer Zeit erlebt haben, zu welchen unaussprechlichen geschichtlichen Schrecken unter einer bestimmten politischen und sozialen Konstellation das hypnotisch-verzaubernde und zugleich unwirklich-wahnsinnige Wort eines durchschnittlichen Kleinbürgers führen kann. Ich begreife zwar nicht, womit er einen Teil Ihrer Väter und Mütter in Bann schlagen konnte, doch zugleich begreife ich, daß es etwas sehr Suggestives und sehr Hinterhältiges sein mußte, wenn es fähig war, sei es auch nur für eine kurze Zeit, auch jenen großen Geist in Bann zu schlagen, der den Worten «Sein», «Da-Sein» und «Existenz» einen so neuen und durchdringenden Sinn gab.

Was ich sagen will: Das Wort ist eine geheimnisvolle, vieldeutige, ambivalente, verräterische Erscheinung. Es kann ein Lichtstrahl im Reich der Finsternis sein, wie einst Belinskij das «Gewitter» von Ostrowskij genannt hat, doch es kann auch ein todbringender Pfeil sein. Und was das schlimmste ist: Es kann eine Weile dies und eine Weile jenes sein, es kann sogar beides gleichzeitig sein!

Wie eigentlich war das Wort Lenins? Befreiend oder im Gegenteil trügerisch, gefährlich und schließlich versklavend? Diejenigen, die sich für die Geschichte des Kommunismus interessieren, streiten bis heute leidenschaftlich darum und werden dies offenbar noch lange tun. Persönlich ist mir an seinem Wort hauptsächlich aufgefallen, daß es immerzu wütend war.

Wie eigentlich war das Wort Marx'? Hat es Licht auf eine ganze verborgene Ebene gesellschaftlicher Mechanismen geworfen, oder war es nur der Urkeim aller späteren, schrecklichen Gulags? Ich weiß es nicht, am ehesten wohl beides zugleich.

Und was ist mit dem Wort Freuds? Hat es den geheimen Kosmos der menschlichen Seele offengelegt, oder war es nur der Keim der Illusion, mit der sich heute die Hälfte der Vereinigten Staaten von Amerika betäubt, daß man nämlich das, was einen quält, und seine Schuld loswerden kann, indem man deren Last in die Interpretation eines gut bezahlten Fachmanns legt?

Doch ich würde noch weiter gehen und noch provokativer fragen: Wie war eigentlich das Wort Christi? War es der Anfang der Geschichte der Erlösung und einer der machtvollsten kulturschaffenden Impulse in der Weltgeschichte – oder war es der geistige Urkeim der Kreuzzüge, Inquisitionen, der Ausrottung der amerikanischen Kulturen und schließlich der gesamten widersprüchlichen Expansion der weißen Rasse, die so viele Tragödien verursacht hat, einschließlich der, daß heute der größte Teil der menschlichen Welt in die traurige Kategorie einer angeblich erst Dritten Welt fällt? Ich möchte immer glauben, daß es wohl eher das erste ist, doch kann ich nicht zugleich die Bücherstöße ignorieren, die beweisen, daß auch in dem reinsten Frühchristentum schon unbewußt etwas kodiert war, was auf dem Hintergrund von Tausenden von anderen Umständen, einschließlich der relativen Dauerhaftigkeit des menschlichen Charakters, in bestimmter Weise geistig den

Raum für jene Schrecken öffnen konnte, von denen ich gesprochen habe.

Worte haben auch ihre Geschichte: Es gab zum Beispiel Zeiten, in denen das Wort Sozialismus für ganze Generationen Erniedrigter und Unterdrückter ein magnetisches Synonym für eine gerechtere Welt war, und als für die Ideale, die mit diesem Wort ausgedrückt werden, Menschen fähig waren, lange Jahre ihres Lebens zu opfern und vielleicht gar das Leben selbst. Ich weiß nicht, wie es sich in Ihrem Land verhält, doch in meiner Heimat ist aus demselben Wort – also aus dem Wort Sozialismus – schon längst ein ganz gewöhnlicher Gummiknüppel geworden, mit dem irgendwelche reich gewordenen und an nichts glaubenden Bürokraten alle ihre frei denkenden Mitbürger in den Rücken schlagen, wobei sie sie «Feinde des Sozialismus» und «antisozialistische Kräfte» nennen. Wirklich: In meinem Land ist dieses Wort schon längst eine gottlose Beschwörung, der man am besten ausweicht, will man nicht verdächtig werden. Ich war kürzlich auf einer ganz spontanen und von keinerlei Dissidenten organisierten Demonstration, auf der gegen den Ausverkauf der schönsten Teile Prags an irgendwelche australischen Millionäre protestiert wurde. Und als da ein Redner, der stürmisch gegen dieses Projekt auftrat, seinen Appell an die Regierung durch die Betonung dessen stärken wollte, daß er für die Rettung seiner Heimat im Namen des Sozialismus kämpft, begann die versammelte Menge zu lachen. Nicht, weil sie gegen eine sozial gerechte Gesellschaftsordnung gewesen wäre, sondern einfach, weil sie ein Wort hörte, welches über lange Jahre hinweg und in allen möglichen und unmöglichen Zusammenhängen von einem Regime beschworen wurde, das nur imstande ist, die Menschen zu manipulieren und zu erniedrigen.

Seltsame Schicksale können Worte haben! Dieselbe Art frei denkender und tapferer Menschen kann einmal in den Kerker geworfen werden, weil irgendein Wort etwas für sie bedeutet, und zum zweiten, weil für sie dasselbe Wort nichts mehr bedeutet, denn vom Symbol für eine bessere Welt hat es sich zur sprachlichen Beschwörungsformel eines dümmlichen Diktators gewandelt.

Kein Wort – zumindest in dem ein wenig metaphorischen Sinn, in welchem ich das Wort «Wort» hier verwende – enthält nur das, was ihm das etymologische Wörterbuch zuschreibt. Jedes Wort enthält auch die Person, die es ausspricht, die Situation, in der sie es ausspricht, und den Grund, warum sie es ausspricht. Dasselbe Wort kann einmal große Hoffnung ausstrahlen, ein anderes Mal nur Todesstrahlen aussenden. Dasselbe Wort kann einmal wahrhaftig und ein anderes Mal lügnerisch sein, einmal faszinierend und ein anderes Mal trügerisch, einmal kann es herrliche Perspektiven eröffnen und ein anderes Mal nur Gleise verlegen, die in ganze Archipele von Konzentrationslagern führen. Dasselbe Wort kann einmal ein Baustein des Friedens sein, und ein anderes Mal kann jeder einzelne seiner Laute vom Echo der Maschinengewehre dröhnen.

Gorbatschow will den Sozialismus durch die Einführung des Marktes und des freien Wortes retten, Li Peng rettet den Sozialismus durch Massaker an Studenten und Ceauşescu, indem er seine Nation mit Bulldozern einebnet. Was bedeutet das Wort eigentlich im Munde des einen und im Munde der anderen beiden? Was ist das für ein mysteriöses Ding, das hier auf so unterschiedliche Weise gerettet werden soll?

Ich habe die Französische Revolution erwähnt und die schöne Deklaration, die sie begleitet. Diese Deklaration hat ein Herr unterschrieben, der einer der ersten war, die im Namen dieses herrlichen, humanen Textes hingerichtet wurden. Und nach ihm waren es noch Hunderte, vielleicht Tausende. Freiheit, Gleichheit, Brüderlichkeit – welch herrliche Worte! Und wie fürchterlich kann das sein, was sie bedeuten: die Freiheit des aufgeknöpften Hemdes vor der Hinrichtung, die Gleichheit in der Geschwindigkeit, mit der die Guillotine auf den Nacken herunterfällt, Brüderlichkeit in einem verdächtigen Himmel, in dem das Höchste Wesen herrscht!

In der ganzen Welt ertönt heute das herrlich hoffnungsvolle Wort «Perestrojka». Wir alle glauben, daß sich hinter diesem Wort eine Hoffnung für Europa und die ganze Welt verbirgt.

Und doch – ich gebe es zu – zittere ich hin und wieder vor Angst, dieses Wort könnte wieder nur eine neue Beschwörungsformel werden, es könnte sich schließlich wieder in den Gummiknüppel verwandeln, mit dem uns jemand schlägt. Ich denke jetzt nicht an meine Heimat, in der das Wort im Munde der Herrscher etwa die Bedeutung hat wie das Wort «unser Monarch» im Munde von Josef Schwejk. Ich denke an etwas anderes: nämlich daran, daß auch jener tapfere Mann, der heute im Kreml sitzt, hin und wieder – und vielleicht nur aus Verzweiflung – die streikenden Arbeiter oder die sich aufbäumenden Nationen oder nationalen Minderheiten oder allzu ungewöhnliche Ansichten von Minderheiten beschuldigt, sie bedrohten die Perestrojka. Ich verstehe ihn, diese gigantische Aufgabe zu erfüllen, die er sich vorgenommen hat, ist unermeßlich schwer, alles hängt am seidenen Faden, und fast alles kann ebendiesen Faden zum Reißen bringen, und alle werden wir dann in den Abgrund stürzen. Und trotzdem sage ich mir: Sind nicht in diesem «neuen Denken» bedenkliche Relikte des alten Denkens enthalten? Erklingt hier nicht das Echo uralter gedanklicher Stereotypen und sprachlicher Machtrituale? Beginnt nicht das Wort Perestrojka hier und da dem Wort Sozialismus zu ähneln, vor allem, wenn es hin und wieder demselben Menschen um den Kopf geschlagen wird, der so lange und so ungerecht mit dem Wort Sozialismus geschlagen worden ist?

Ihr Land hat einen großen Beitrag zur modernen europäischen Geschichte geleistet: die erste Welle der Entspannung durch seine bekannte Ostpolitik.

Doch auch dieses Wort konnte so manches Mal ganz schön doppeldeutig sein. Es bedeutete selbstverständlich den ersten Hoffnungsschimmer für ein Europa ohne kalten Krieg und Eisernen Vorhang; zugleich aber – leider – bedeutete es nicht nur einmal auch den Verzicht auf Freiheit und damit auf eine grundlegende Voraussetzung jedes wirklichen Friedens: Ich erinnere mich immer noch, wie zu Beginn der siebziger Jahre einige meiner westdeutschen Freunde und Kollegen mir auswichen aus Furcht, daß sie durch einen wie auch immer gearteten Kontakt zu mir, den die hiesige Regierung nicht gerade liebte, ebendiese Regierung überflüssigerweise provozieren und damit die zerbrechlichen Fundamente der aufkeimenden Entspannung bedrohen könnten. Ich spreche darüber natürlich nicht wegen meiner Person als solcher, und schon überhaupt nicht, weil ich mir etwa leid täte. Haben doch schon damals eher sie mir leid getan, denn nicht ich war es, sondern sie, die freiwillig auf ihre Freiheit verzichteten. Ich erwähne das, um von einer anderen Seite zu beleuchten, wie leicht eine gut gemeinte Sache sich verwandeln kann in den Verrat der eigenen guten Absicht – und das wiederum nur durch das Wort, dessen Sinn offensichtlich nicht sorgfältig genug gehütet wurde. So etwas kann sehr leicht geschehen, man achtet kaum darauf, es geschieht unauffällig, leise, verstohlen – und wenn man es dann schließlich feststellt, bleibt nur eines: späte Verwunderung.

Aber das ist gerade jene teuflische Art, auf die uns die Worte zu verraten imstande sind, wenn wir bei ihrem Gebrauch nicht immerzu sehr umsichtig sind. Und häufig kann – leider – auch nur ein geringer und augenblicklicher Verlust der Umsicht tragische und nicht wiedergutzumachende Folgen haben. Folgen, die die immaterielle Welt der bloßen Worte bei weitem überschreiten und in eine schon verteufelt materielle Welt eintreten.

Ich komme endlich zum schönen Wort Frieden. Vierzig Jahre lang lese ich es in unserem Land auf jedem Dach und in jedem Schaufenster. Vierzig Jahre lang bin ich so, wie alle meine Mitbürger, zur Allergie gegen jenes schöne Wort erzogen worden, weil ich weiß, was vierzig Jahre bedeuten: mächtige und immer mächtigere Armeen als angebliche Garanten des Friedens.

Trotz dieses langen Prozesses der systematischen Entleerung des Wortes Frieden; ja, mehr noch als dies: Es wurde ihm die genau entgegengesetzte Bedeutung gegeben, als es sie laut Wörterbuch hat; trotz alldem gelang es ein paar Don Quijotes aus der Charta 77 und einigen ihrer jüngeren Kollegen aus der Unabhängigen Friedensgemeinschaft, dieses Wort zu rehabilitieren und ihm seinen ursprünglichen Sinn zurückzugeben. Sie mußten allerdings für diese semantische «Perestrojka» – nämlich das Wort Frieden vom Kopf wieder auf die Füße zu stellen – bezahlen: fast alle jungen Anführer der Unabhängigen Friedensgemeinschaft mußten ein paar Monate dafür absitzen. Doch hatte dies Sinn: ein wichtiges Wort ist vor seiner totalen Entwertung gerettet worden. Und das ist, wie ich hier ständig zu erklären versuche, durchaus nicht nur die bloße Rettung eines Wortes. Es ist die Rettung von etwas weit Wichtigerem.

Alles wichtige Geschehen der realen Welt – das schöne und das scheußliche – hat nämlich immer sein Vorspiel in der Sphäre der Worte.

Wie ich schon gesagt habe, ist es heute nicht meine Absicht, Ihnen die Erfahrung eines Menschen zu vermitteln, der erkannt hat, daß das Wort immer noch Gewicht hat, wenn man dafür auch mit dem Gefängnis bezahlen muß. Meine Absicht war, eine andere Erfahrung zu bekennen, die wir in diesem Teil der Welt mit dem Gewicht des Wortes gemacht haben und die – davon bin ich fest überzeugt – universelle Gültigkeit hat: nämlich die Erfahrung, daß es sich immer auszahlt, den Worten gegenüber mißtrauisch zu sein und gut auf sie achtzugeben, und daß die Vorsicht hier nicht groß genug sein kann.

Durch Mißtrauen gegenüber den Worten kann entschieden weniger verdorben werden als durch übertriebenes Vertrauen in sie.

Übrigens, ist nicht genau das – Mißtrauen gegenüber den Worten und der Nachweis des Schrecklichen, das in ihnen unauffällig schlummern kann – die eigentliche Sendung des Intellektuellen? Ich erinnere mich, daß André Glucksmann, mein geschätzter Vorredner, in Prag einmal davon gesprochen hat, der Intellektuelle solle wie Kassandra sein, denn seine Aufgabe sei es, gut die Worte der Mächtigen zu hören, sie zu bewachen, vor ihnen zu warnen und vorherzusagen, was sie Böses bedeuten oder mit sich bringen könnten.

Betrachten wir noch eines: Jahrhundertelang hatten wir – Sie und wir – das heißt Deutsche und Tschechen – vielfältige Schwierigkeiten mit unserem Zusammenleben in Mitteleuropa. Für Sie kann ich nicht sprechen, doch ich glaube, daß ich für uns verantwortlich sagen kann, daß sich die uralten und über Jahrhunderte hinweg auf verschiedenste Weise genährten nationalen Animositäten, Vorurteile und Leidenschaften bei uns, den Tschechen, in den letzten Jahrzehnten verflüchtigt haben. Und es ist überhaupt kein Zufall, daß das in einer Zeit geschah, in der wir unter einem totalitären Regime litten. Dies hat in uns nämlich ein so tiefes Mißtrauen gegenüber allen Verallgemeinerungen, ideologischen Floskeln, Phrasen, Losungen, gedanklichen Stereotypen und sich anbiedernden Appellen an diese oder jene Schicht unserer Emotionen, von den niedrigsten bis zu den höchsten, herausgebildet, daß wir heute zumeist schon immun sind gegenüber jeglichem hypnotisierenden Köder, und sei er von noch so suggestiver Gestalt, wie etwa traditionell der nationale oder nationalistische Appell. Unter der erstickenden Decke von Tausenden von leeren Worten, unter der wir so lange leben müssen, hat sich in uns ein so starkes Mißtrauen gegenüber der Welt der trügerischen Worte herausgebildet, daß wir heute fähig sind, besser als früher die menschliche Welt so zu sehen, wie sie wirklich ist: nämlich als die komplizierte Gemeinschaft Tausender und Millionen von unwiederholbaren menschlichen Einzelwesen, die neben Hunderten von schönen Eigenschaften auch Hunderte von Fehlern und schlechten Neigungen haben, die sich jedoch nie mit dem Bügeleisen hohler Phrasen und entwerteter Worte – wie zum Beispiel Klassen, Nationen oder politische Kräfte – zu einer einzigen homogenen Masse einebnen lassen und die so en bloc zu loben oder zu verurteilen sind, zu lieben oder zu hassen, zu verleumden oder zu feiern.

Das ist nur ein kleines Beispiel, wozu das Mißtrauen gegenüber den Worten gut ist. Ein Beispiel, mit Rücksicht auf die Gelegenheit gewählt, zu der es verwendet wird, nämlich auf den Augenblick, zu dem ein Tscheche die Ehre hat, zu einem überwiegend deutschen Publikum zu sprechen.

Am Anfang ist das Wort. – Das ist ein Wunder, dem wir zu verdanken haben, daß wir Menschen sind. – Doch zugleich ist es ein Hinterhalt, eine Prüfung, eine List und ein Test. – Größer vielleicht, als es Ihnen scheinen mag, die Sie unter den Bedingungen einer großen Freiheit des Wortes leben, also in Verhältnissen, in denen es scheinbar so sehr auf die Worte nicht ankommt.

Es kommt auf sie an.

Es kommt überall auf sie an.

Dasselbe Wort kann einmal demütig und ein anderes Mal hochmütig sein. Und außerordentlich leicht und sehr unauffällig kann sich ein demütiges Wort in ein hochmütiges verwandeln, während nur sehr schwer und langwierig sich ein hochmütiges Wort in ein demütiges wandelt. Ich habe versucht, das am Schicksal des Wortes Frieden in meinem Land zu zeigen.

Diese Welt und vor allen Dingen Europa befindet sich gegen Ende des zweiten Jahrtausends nach Christus an einer besonderen Kreuzung: lange gab es nicht so viele Gründe für die Hoffnung, daß alles gut ausgeht, und niemals gab es zugleich so viele Gründe für die Befürchtung, daß, wenn alles schlecht ausgehen sollte, dies die endgültige Katastrophe sei. Es ist nicht schwer, zu belegen, daß alle Hauptbedrohungen, denen die Welt heute entgegentreten muß, vom Atomkrieg über die ökologische Katastrophe bis zur sozial-zivilisatorischen Katastrophe (damit meine ich den sich vertiefenden Abgrund zwischen reichen und armen Einzelnen und Nationen), irgendwo in ihrem Inneren eine gemeinsame Ursache verborgen halten die unauffällige Wandlung des ursprünglich demütigen Wortes in ein hochmütiges.

Hochmütig begann der Mensch zu glauben, er als Höhepunkt und Herr der Schöpfung verstehe die Natur vollständig und könne mit ihr machen, was er wolle.

Hochmütig begann er zu glauben, als Besitzer von Verstand sei er fähig, vollständig seine eigene Geschichte zu verstehen und sodann allen ein glückliches Leben zu planen, und dies gebe ihm sogar das Recht, jeden, dem die Pläne nicht gefallen, aus dem Weg zu wischen im Interesse einer angeblich besseren Zukunft aller, zu der er den einzigen und richtigen Schlüssel gefunden habe.

Hochmütig begann er von sich zu glauben, wenn er den Atomkern zertrümmern könne, sei er schon so vollkommen, daß ihm weder die Gefahr der atomaren Wettrüstung noch gar des Atomkriegs drohe.

In all diesen Fällen hat er schicksalhaft geirrt. Das ist schlimm. Aber in all diesen Fällen beginnt er schon, seinen Fehler zu begreifen. Und das ist gut.

Von alldem belehrt, sollten wir alle und gemeinsam gegen die hochmütigen Worte kämpfen und aufmerksam nach den Kuckuckseiern des Hochmuts in scheinbar demütigen Worten forschen. Das ist ganz offenbar durchaus nicht nur eine linguistische Aufgabe. Als Aufruf zur Verantwortung für das Wort und gegenüber dem Wort ist dies eine wesenhaft sittliche Aufgabe.

Als eine solche ist sie allerdings nicht vor dem Horizont der von uns zu überblickenden Welt verankert, sondern erst irgendwo dort, wo jenes Wort sich aufhält, das am Anfang war und das nicht das Wort des Menschen ist.

Ich werde nicht erklären, warum dem so ist. Weit besser nämlich, als ich dazu imstande wäre, hat das schon Ihr großer Vorfahre Immanuel Kant getan.

PROJEKT HOFFNUNG

«Je sichtbarer wir in das Gebiet der wirklichen Politik
eintreten, desto deutlicher sollten wir uns an die ursprünglichen – also sittlichen – Wurzeln unseres Handelns erinnern, und desto aufmerksamer sollten wir
darüber wachen, daß sich unsere Verantwortung nicht
zufällig und unauffällig in verdächtiger Weise in zwei
Verantwortungen aufzuteilen beginnt: eine menschliche und eine politische. Wir haben immer nur eine
Verantwortung; als erniedrigte Gefängnisinsassen und
gesellschaftlich Enterbte und auch als eventuelle Sprecher des nationalen Willens müssen wir uns nach ein
und demselben Gewissen richten; sich anders zu verhalten würde nicht nur bedeuten, die eigene Vergangenheit zu bespucken, sondern auch alle unsere Chancen.»

Es scheint, daß die Zeit dessen, was ich der Kürze wegen, rein als Arbeitsbezeichnung, ungenau und häßlich, «klassisches Dissidententum» nenne, vorbei ist. Ich meine damit die lange Zeit, in der die einzige wirklich freie Bürgerstimme, die hier zu hören war, die Stimme jener verhältnismäßig kleinen und in den Augen vieler Mitbürger ein wenig selbstmörderischen Gemeinschaft von Menschen war, die sich entschlossen hatten, laut die Wahrheit zu sagen, ohne Rücksicht auf alle Folgen, die das für sie mit sich brachte. Diese Gemeinschaft erfreute sich zwar der Sympathien eines bestimmten Teils der Öffentlichkeit, doch wurden diese Sympathien sorgfältig verborgen, weil nur wenige bereit waren, dieselben Sanktionen zu riskieren, die zu riskieren die «Dissendenten» sich entschlossen hatten.

Unmittelbare, sichtbare und überprüfbare politische Erfolge hatte dieses unabhängige Handeln verständlicherweise nicht zu verzeichnen; sein Sinn war – zumindest in meinen Augen – vor allem sittlicher Natur: es gab hier eine Art «sittlichen Horizont»; einen Maßstab der Grenzwerte, einen Fluchtpunkt, auf den man sich beziehen konnte; einen dünnen Draht der Kontinuität, der in einem dunklen Wald gespannt war, um die Idee des souveränen Bürgertums von den helleren Lichtungen der Vergangenheit zu den ersehnten helleren Lichtungen der Zukunft zu übertragen. Nichts war garantiert, es gab nur die Hoffnung, daß eine solche Lichtung doch einmal auftaucht und daß das Don Quijotische Handeln doch einmal sich auszahlt, weil es denjenigen, die diese Lichtung erleben, ermöglichen wird, an etwas anzuknüpfen, sich auf etwas zu stützen, von etwas auszugehen, daß sie, kurz gesagt, nicht gezwungen sein werden, sozusagen auf der grünen Wiese neu anzufangen.

Ich behaupte nicht, daß wir uns auf einer solchen Lichtung befinden. Mir scheint nur, daß es zu dämmern anfängt, und irgendwo am Horizont beginnen wir sie auf einmal zu ahnen.

Der Augenblick der Ahnung und der Augenblick des Hinaustretens auf die Lichtung sind allerdings nicht identisch. Im Gegenteil, es sind zwei voneinander deutlich unterschiedene Punkte, die eine bestimmte neue, besondere Phase begrenzen, die alle Anzeichen des Provisoriums, des Übergangs oder einer Zwischenzeit hat: die unabhängigen Initiativen und die unabhängige Kultur leben schon lange nicht mehr in jener streng parallelen Welt, durch eine dicke Mauer vom Leben der Gesellschaft als Ganzer getrennt; wir befinden uns, kurz gesagt, in keinem Ghetto mehr. Zugleich jedoch existiert bei weitem noch keine zumindest ein wenig normale politische Kultur, deren Bestandteil wir wären, es gibt keine natürliche und natürlich öffentliche Selbststrukturierung der Gesellschaft, es gibt kein wirkliches öffentliches Leben, nicht einmal ein allgemein selbstverständliches und allgemein und selbstverständlich sich äußerndes Erlebnis freien Bürgertums. Und aufgrund dessen sind die unabhängigen Initiativen – die bei weitem nicht mehr nur das sind, was sie noch unlängst waren – doch bei weitem noch nicht das (und können es nicht sein), was so viele Menschen in ihnen sehen möchten, und noch nicht so, wie viele Menschen sie schon begreifen, nämlich eine wirkliche politische Opposition mit allem, was dazugehört, von charismatischem und professionellem Führen bis zu konkreten und realen politischen Programmen.

Diese von Grund auf typische Übergangssituation, in der wir nicht mehr das sind, was wir waren, doch zugleich noch nicht sind und sein können (und vielfach gar nicht einmal sein wollen), was wir offenbar sein sollten, ist leicht beunruhigend, leicht chaotisch und vor allem sehr anspruchsvoll: sie stellt uns vor viele neue Aufgaben – einschließlich einer neuen, eigenen Selbstdefinition – und vor die Notwendigkeit, in viele wahrscheinlich ziemlich dramatische Debatten einzutreten, wie man mit diesen Aufgaben fertig werden soll.

Ein vollständiges Rezept für einen Ausweg hat niemand, und verständlicherweise auch ich nicht. Am Rande der vor uns stehenden Aufgaben habe ich nur einige wenige persönliche Gefühle oder Empfehlungen:

1. Die unabhängigen Initiativen sollten keinerlei übertriebener Bezauberung verfallen, weil die Leute auf ihre Demonstrationen gehen, weil sie sich nicht scheuen, zusammen mit ihnen der Regierung unliebsame Petitionen zu unterschreiben, und weil ein Teil der Gesellschaft sie als reale politische Alternative wahrzunehmen beginnt, ihre (häufig beinah ungesunden) Hoffnungen auf sie zu richten und zu hoffen, daß sie es sein werden, die selbst für die Gesellschaft all das lösen, was in Wirklichkeit die Gesellschaft als Ganzes lösen muß und nur lösen kann. Eine derartige Bezauberung durch die plötzlich entdeckte eigene Bedeutung (nach vielen Jahren leidvoller paralleler Existenz) ist mehr als verständlich: die neue Situation bietet uns das schöne Erlebnis der Genugtuung und erfüllt uns

mit dem wärmenden Gefühl, daß all das scheinbar Überflüssige, das wir über Jahre hinweg getan haben, doch nicht ganz so überflüssig war. Je verständlicher eine derartige Bezauberung psychologisch ist, desto wichtiger ist es, ihr nicht zu verfallen und die nüchterne Urteilsfähigkeit nicht zu verlieren. Das erste also, was ich empfehle, ist Realismus.

2. Die unabhängigen Initiativen sollten niemals der ziemlich eingebildeten, sachlich sehr problematischen und politisch völlig perspektivelosen Annahme erliegen, daß nur sie – als die einzig Gerechten, denen es schon vor fünfzehn Jahren gelang, öffentlich das zu sagen, was heute fast jeder sagt – automatisch zu einer Art «führenden Rolle» berufen seien, daß alles, was sie unternehmen, automatisch besser ist als das, was andere unternehmen, und daß sie eigentlich nach all dem, was sie durchgemacht haben, sich nicht allzusehr herablassen sollten zu jemandem, der erst um fünf vor zwölf wach wird, denn sie haben den moralischen Kredit, und nicht er. Sie sollten, kurz gesagt, nicht das vergessen, was sie immerzu betont haben: es gehe ihnen nicht um die eigene Sache, sondern um die Sache dieser Gesellschaft. Ich glaube, ein solches Gefühl ist nicht allzu verbreitet, ich glaube aber zugleich, daß ich keinen Schaden anrichte, wenn ich von vornherein auf seine Gefährlichkeit aufmerksam mache. Wenn meine Warnung überflüssig ist, um so besser.

3. Die neue Situation, die sich durch ein erhöhtes Interesse an den unabhängigen Initiativen und die erhöhte Publizität auszeichnet, deren sie sich erfreuen, kann in ihnen (und hin und wieder tut sie das auch) die Versuchung aufkommen lassen, sich selbst, der Regierung und der Öffentlichkeit ihre Existenz und ihr Gewicht durch die Inflation von nicht allzu dichten Deklarationen zu beweisen, die

dann unwillkürlich die Betonung von dem, was wirklich getan wird, darauf verschieben, welche Publizität ihm gegeben wird; manchmal scheint es sogar, als ob es für manche wichtiger wäre, irgendein Projekt so laut wie möglich zu verkünden, als es tatsächlich zu verwirklichen. Sehr verführerisch, aber ziemlich gefährlich scheint mir auch eine andere Versuchung zu sein: daß wir anfangen – unter dem Druck einer aufgeregten Zeit – uns allzusehr auf zwar sinnvolle, aber schließlich doch einmalige Aktionen zu richten, und das zu Lasten der zwar weniger sichtbaren und vom Gesichtspunkt des Tages aus weniger attraktiven, doch vom Gesichtspunkt der Zukunft aus vielleicht wichtigeren, nämlich geduldigen und tagtäglichen konzeptionellen, bewußtseinsbildenden und organisatorischen Arbeit, die den Sinn für Diskussion pflegt und verbreitet als jene Masaryksche Voraussetzung jeder Demokratie und die so das bürgerliche Leben kultiviert. Auf eine eventuelle, nicht vorhersehbare bessere Zukunft werden wir niemals vollendet vorbereitet sein, und Improvisationen werden wir nicht ausweichen können, um so mehr aber sollten wir uns zumindest darum bemühen, sowohl auf dem Gebiet der konkreten Projekte wie auch bei der Schaffung eines Bürger-Bewußtseins so gut wie möglich vorbereitet zu sein, denn ohne dieses hat nicht einmal das ehrwürdigste Projekt Hoffnung auf Erfolg.

4. Schließlich möchte ich die meiner Meinung nach überhaupt wichtigste Sache betonen. Je sichtbarer wir in das Gebiet der wirklichen Politik eintreten, desto deutlicher sollten wir uns an die ursprünglichen – also sittlichen – Wurzeln unseres Handelns erinnern, und desto aufmerksamer sollten wir darüber wachen, daß sich unsere Verantwortung nicht zufällig und unauffällig in verdächtiger Weise in zwei Verantwortungen aufzuteilen beginnt:

eine menschliche und eine politische. Wir haben immer nur eine Verantwortung; als erniedrigte Gefängnisinsassen und gesellschaftlich Enterbte und auch als eventuelle Sprecher des nationalen Willens müssen wir uns nach ein und demselben Gewissen richten; sich anders zu verhalten würde nicht nur bedeuten, die eigene Vergangenheit zu bespucken, sondern auch alle unsere Chancen. Ich war immer überzeugt davon und glaube bis heute, daß die Quelle aller Krisenerscheinungen, von denen wir umgeben sind, die sittliche Krise der Gesellschaft ist und daß keine von unseren Krisen – von der ökonomischen über die politische bis zur ökologischen – anders als durch die Überwindung dieser sittlichen Krise gelöst werden kann, nämlich durch die Überwindung jener teuflischen Ideologie der Sorge um sich selbst und der menschlichen und bürgerlichen Resignation, von der unsere Gesellschaft systematisch und schon so lange infiziert ist. Deshalb würde ich solche Erscheinungen wie die unauffällige humanitäre Hilfe der Kleinseitner Bürger für die ostdeutschen Flüchtlinge, die spontanen Sammlungen zur Hilfe für Armenien oder die beginnenden Anzeichen einer Solidargemeinschaft auf verschiedenen Volksversammlungen (ob es nun Demonstrationen, Messen, Konzerte oder was auch immer seien), für außerordentlich wichtig halten, ja, vielleicht für das Allerwichtigste. Als gute menschliche Taten sind solche Erscheinungen auch das beste soziale Hinterland oder fruchtbarer Boden für jede bessere Politik. Hier nämlich irgendwo sind die wirklichen Keime jenes souveränen Bürgertums, auf das sich jede weitere politische Arbeit einzig stützen muß und ohne das sie im luftleeren Raum hängenbleibt – mutterseelenallein.

VON WELCHER
REPUBLIK ICH TRÄUME
NEUJAHRSANSPRACHE
1990

«Lehren wir uns selbst und andere, daß Politik nicht
nur die Kunst des Möglichen sein muß, besonders
wenn man darunter die Kunst der Spekulation, des
Kalküls, der Intrigen, geheimer Verträge und pragmatischen Manövrierens versteht, sondern daß sie auch
die Kunst des Unmöglichen sein kann, nämlich die
Kunst, sich selbst und die Welt besser zu machen.»

Liebe Mitbürger,

vierzig Jahre lang haben Sie an dieser Stelle aus dem Mund meiner Vorgänger in verschiedener Form immer dasselbe gehört: wie unser Land blüht, wieviel Millionen Tonnen mehr an Stahl wir erzeugt haben, wie glücklich wir alle sind, wie wir an unsere Regierung glauben und welch schöne Perspektiven sich vor uns öffnen.

Ich nehme an, daß Sie mich nicht für dieses Amt vorgeschlagen haben, damit auch ich Sie anlüge.

Unser Land blüht nicht. Das größte schöpferische und geistige Potential unserer Völker wird nicht sinnvoll genutzt. Ganze Industriezweige erzeugen Dinge, an denen kein Interesse besteht, während wir das, was wir brauchen, nicht bekommen können. Ein Staat, der sich Arbeiterstaat nennt, erniedrigt die Arbeiter und beutet sie aus. Unsere veraltete Wirtschaft verschleudert die Energie, von der wir wenig haben. Ein Land, das einst stolz sein konnte auf die Bildung seines Volkes, gibt für Bildung so wenig aus, daß es heute auf dem zweiundsiebzigsten Platz in der Welt ist. Wir haben unseren Boden, die Flüsse und Wälder, die uns unsere Vorfahren hinterlassen haben, zerstört, und wir haben heute die kaputteste Umwelt in ganz Europa. Erwachsene Menschen sterben bei uns früher als in den meisten europäischen Ländern. Erlauben Sie mir ein kleines persönliches Erlebnis: als ich kürzlich nach Preßburg flog, fand ich bei verschiedenen Verhandlungen Zeit, aus dem Fenster zu schauen. Ich sah den Komplex von Slovnaft und gleich dahinter die Großstadt Petržalka. Der Anblick reichte mir, um zu begreifen, daß unsere Staatsmänner und politischen Funktionäre jahrzehntelang nicht aus dem Fenster ihrer Flugzeuge geschaut oder nicht gewollt haben. Keine Lektüre von Statistiken, die ich zur Verfügung habe, hätte es mir erlaubt, schneller und leichter den Zustand zu begreifen, in den wir geraten sind.

Doch dies alles ist immer noch nicht die Hauptsache. Das Schlimmste ist, daß wir in einem verdorbenen sittlichen Milieu leben. Wir sind moralisch krank, weil wir uns daran gewöhnt haben, etwas anderes zu sagen als zu denken. Wir haben es gelernt, an nichts zu glauben, einer den anderen nicht zu beachten, sich nur um sich selbst zu kümmern. Begriffe wie Liebe, Freundschaft, Mitgefühl, Demut oder Vergebung haben ihre Tiefe und ihre Dimension verloren und bedeuten für manche von uns nur irgendwelche psychologischen Besonderheiten oder erscheinen wie verirrte Grüße aus längst vergangenen Zeiten, ein wenig lächerlich in der Ära von Computern und Weltraumraketen. Nur wenigen von uns gelang es, laut auszusprechen, daß die Mächtigen nicht allmächtig sein sollten und daß die besonderen landwirtschaftlichen Betriebe, die für sie ökologisch reine und qualitativ wertvolle Lebensmittel anbauen, ihre Produkte in Schulen, Internate und Kinderkrankenhäuser schicken sollten, wenn schon unsere Landwirtschaft sie nicht allen anbieten kann. Das bisherige Regime hat – ausgerüstet mit seiner stolzen und unverträglichen Ideologie – den Menschen zur Produktivkraft erniedrigt und die Natur zu einem Produktionsinstrument. Es führte damit einen Angriff auf deren Wesen selbst und ihre gegenseitige Beziehung. Aus begabten und souveränen Menschen, die sinnvoll in ihrem Land wirtschaften, machte es Schräubchen einer riesengroßen, ratternden und stinkenden Maschine, von der niemand weiß, was für einen Sinn sie eigentlich hat. Sie kann nichts anderes tun als allmählich, aber unaufhaltsam, sich selbst und ihre Schräubchen abnutzen.

Wenn ich von der verdorbenen sittlichen Atmosphäre spreche, spreche ich nicht nur von den Herren, die ökologisch reines Gemüse essen und nicht aus den Fenstern ihrer Flugzeuge schauen. Ich spreche von uns allen. Alle mämlich haben wir uns an das totalitäre System gewöhnt, es als eine unabänderliche Tatsache hingenommen und es so eigentlich am Leben erhalten. Mit anderen Worten: wir sind alle – wenn auch selbstverständlich jeder in anderem Maße – für den Gang der totalitären Maschinerie verantwortlich, niemand ist nur ihr Opfer, sondern alle sind wir zugleich ihre Mitschöpfer.

Warum spreche ich davon: es wäre sehr unverständig, das traurige Erbe der letzten vierzig Jahre als etwas Fremdes zu begreifen, das uns ein entfernter Verwandter hinterlassen hat. Wir müssen im Gegenteil dieses Erbe als etwas akzeptieren, das wir selbst an uns haben geschehen lassen. Wenn wir das so akzeptieren, begreifen wir auch, daß es nur an uns allen liegt, etwas damit zu tun. Alles auf die vorhergehende Regierung schieben können wir zum einen nicht, weil es nicht der Wahrheit entspräche, zum anderen aber auch, weil es die Pflicht abschwächen könnte, die heute vor jedem von uns steht, mämlich die Pflicht, selbständig, frei, vernünftig und schnell zu handeln. Täuschen wir uns nicht: selbst die beste Regierung, das beste Parlament und auch der beste Präsident können allein nicht allzuviel ausrichten. Und es wäre auch äußerst unrichtig, allgemeine Besserung nur von ihnen zu erwarten. Freiheit und Demokratie bedeuten doch Mitbeteiligung und also auch Mitverantwortung aller.

Wenn wir uns das klarmachen, dann hören augenblicklich all die Schrecken, die die neue tschechoslowakische Demokratie geerbt hat, auf, uns so schrecklich zu erscheinen. Wenn wir uns das klarmachen, kehrt die Hoffnung in unsere Herzen zurück.

In der Besserung der allgemeinen Dinge können wir uns auf etwas stützen. Die letzte Zeit – und besonders die letzten sechs Wochen unserer stillen Revolution – hat gezeigt, welch großer, allgemeiner menschlicher, sittlicher und geistiger Gehalt und welch große Bürger-Kultur in unserer Gesellschaft unter der aufgezwungenen Maske der Apathie schlummerten. Wann immer jemand über uns kategorisch behauptet, wir seien so oder so, immer habe ich eingewendet, die Gesellschaft sei ein geheimnisvolles Geschöpf, und es sei nie gut, nur dem Gesicht zu trauen, das sie gerade zeigt. Ich bin glücklich, mich nicht getäuscht zu haben. Überall auf der Welt wundern sich die Menschen, woher diese untertänigen, erniedrigten, skeptischen und scheinbar an nichts mehr glaubenden Menschen plötzlich die erstaunliche Kraft hernehmen, mit der sie in einigen Wochen auf anständige und friedliebende Weise ein totalitäres System von ihren Schultern geschüttelt haben. Wir selbst wundern uns darüber. Und fragen: woher nehmen eigentlich die jungen Menschen, die nie etwas anderes als das totalitäre System kennengelernt haben, ihr Sehnen nach Wahrheit, ihre Freisinnigkeit, ihre politische Phantasie, ihren Bürgermut und auch ihre bürgerliche Umsicht? Wie ist es möglich, daß auch ihre Eltern – also gerade die Generation, die als verloren betrachtet wurde – sich zu ihnen gesellt haben? Wie ist es überhaupt möglich, daß so viele Menschen augenblicklich begriffen haben, was zu tun ist, und daß niemand von ihnen dazu Ratschläge und Instruktionen braucht?

Ich glaube, daß dieses hoffnungsvolle Gesicht unserer heutigen Situation zwei Hauptursachen hat: der Mensch ist vor allem niemals nur Produkt der äußeren Welt, sondern immer auch fähig, sich auf etwas Höheres zu beziehen, auch wenn die äußere Welt diese Fähigkeit in ihm auf alle mögliche Weise systematisch auszurotten versuchte; zum zweiten besteht sie darin, daß die humanistischen und demokratischen Traditionen, über die so häufig leer gesprochen wurde, doch irgendwo im Unbewußten unserer Völker und nationalen Minderheiten vor sich hin schlummerten und unauffällig von Generation zu Generation übertragen wurden, so daß sie zur rechten Zeit jeder von uns in sich selbst entdeckte und sie in die Tat umsetzte.

Für unsere heutige Freiheit mußten allerdings auch wir bezahlen. Viele unserer Bürger kamen in den fünfziger Jahren in den Gefängnissen um, manche wurden hingerichtet, Tausende von Menschenleben wurden vernichtet, Hunderttausende von talentierten Menschen wurden ins Ausland vertrieben. Verfolgt wurden diejenigen, die während des Krieges die Ehre unserer Völker retteten, die sich gegen die totalitäre Regierung auflehnten, und auch die, denen es einfach gelang, sie selbst zu bleiben und frei zu denken. Niemand, der für unsere heutige Freiheit so oder so bezahlt hat, sollte vergessen werden. Unabhängige Gerichte sollten gerecht die eventuelle Schuld derjenigen abwägen, die verantwortlich sind, damit die volle Wahrheit über unsere jüngste Vergangenheit ans Licht kommt.

Vergessen dürfen wir allerdings auch nicht, daß andere Völker für ihre heutige Freiheit noch schwerer bezahlten und daß sie es damit indirekt auch für uns taten. Die

Ströme von Blut, die in Ungarn, Polen, Deutschland und unlängst in so erschütternder Weise in Rumänien geflossen sind sowie die Meere von Blut, die die Völker der Sowjetunion vergossen haben, dürfen vor allem auch deswegen nicht vergessen werden, weil jedes menschliche Leiden jedes menschliche Wesen betrifft. Doch nicht nur dies: sie dürfen auch deswegen nicht vergessen werden, weil gerade diese großen Opfer der tragische Hintergrund der heutigen Freiheit oder allmählicher Befreiung der Völker des Sowjetblocks sind, also auch der Hintergrund unserer frisch gewonnenen Freiheit. Ohne die Veränderungen in der Sowjetunion, Polen, Ungarn und der Deutschen Demokratischen Republik wäre wohl kaum bei uns das geschehen, was geschehen ist, und wäre es geschehen, hätte es entschieden nicht diesen so schön friedlichen Charakter gehabt.

Daß wir günstige internationale Bedingungen hatten, bedeutet allerdings nicht, daß uns in diesen Wochen jemand unmittelbar geholfen hätte. Nach Jahrhunderten haben sich eigentlich unsere beiden Völker selbst aufgerichtet, nicht gestützt auf irgendeine Hilfe mächtigerer Staaten oder Großmächte. Mir scheint, daß gerade darin der große sittliche Beitrag dieses Augenblicks liegt: er birgt in sich die Hoffnung, daß wir künftig nicht mehr unter dem Komplex derjenigen leiden werden, die ständig jemandem für etwas danken müssen. Jetzt liegt es nur an uns, ob sich diese Hoffnung erfüllt und ob auf historisch völlig neue Weise unser bürgerliches, nationales und politisches Selbstbewußtsein wach wird.

Selbstbewußtsein ist kein Stolz.

Ganz im Gegenteil: einzig ein Mensch oder eine Nation, die im besten Wortsinne selbstbewußt sind, können der Stimme der anderen zuhören, sie als gleichberechtigt akzeptieren, ihren Feinden vergeben und die eigene Schuld bedauern. Versuchen wir, ein so verstandenes Selbstbewußtsein als Menschen in das Leben unserer Gemeinschaft hineinzutragen und als Völker in unser Verhalten auf der internationalen Bühne. Nur so werden wir die Achtung vor uns selbst, vor uns gegenseitig und die Achtung anderer Völker zurückgewinnen.

Unser Staat sollte nie mehr nur Anhängsel oder armer Verwandter irgend jemandes sein. Wir müssen zwar von anderen viel nehmen und manches lernen, doch müssen wir das seit langer Zeit wieder als deren gleichberechtigter Partner tun, die ebenfalls etwas anzubieten haben.

Unser erster Präsident hat geschrieben: Jesus, nicht Cäsar. Damit knüpfte er an Chelčický und Comenius an. Heute ist diese Idee in uns wieder lebendig geworden. Ich wage zu sagen, daß wir vielleicht sogar die Möglichkeit haben, sie weiter zu verbreiten und so in die europäische und Weltpolitik ein neues Element einzubringen: Von unserem Land, wenn wir das wollen, kann schon auf Dauer Liebe, Sehnen nach Verstehen, die Kraft des Geistes und des Gedankens ausstrahlen. Dieses Strahlen kann genau das sein, was wir als unseren besonderen Beitrag zur Weltpolitik anbieten können.

Masaryk begründete die Politik auf der Sittlichkeit. Versuchen wir in neuer Zeit auf neue Weise dieses Verständnis von Politik zu erneuern. Lehren wir uns selbst und andere, daß Politik der Ausdruck des Sehnens sein sollte, zum Glück der Gemeinde beizutragen, und keineswegs der Notwendigkeit, die Gemeinde zu betrügen oder zu vergewaltigen. Lehren wir uns selbst und andere, daß Politik nicht nur die Kunst des Möglichen sein muß, besonders wenn man darunter die Kunst der Spekulation, des Kalküls, der Intrigen, geheimer Verträge und pragmatischen

Manövrierens versteht, sondern daß sie auch die Kunst des Unmöglichen sein kann, nämlich die Kunst, sich selbst und die Welt besser zu machen.

Wir sind ein kleines Land, und doch waren wir einst die geistige Kreuzung Europas. Warum sollten wir das nicht wieder werden können? Wäre das nicht ein weiterer Beitrag, durch den wir den anderen die Hilfe zurückzahlen könnten, die wir von ihnen brauchen werden?

Die heimische Mafia derer, die nicht aus den Fenstern ihrer Flugzeuge schauen und speziell gefütterte Schweine essen, lebt zwar noch und trübt hin und wieder das Wasser, doch ist sie nicht mehr unser Hauptfeind. Um so weniger ist dies irgendeine internationale Mafia. Unser größter Feind sind heute unsere eigenen schlechten Eigenschaften. Gleichgültigkeit gegenüber allgemeinen Angelegenheiten, Eitelkeit, Ehrgeiz, Egoismus, persönliche Ambitionen und Rivalitäten. Auf diesem Feld erwartet uns erst der Hauptkampf.

Wir stehen vor freien Wahlen und also auch vor dem Wahlkampf. Lassen wir nicht zu, daß dieser Wahlkampf das bisher reine Antlitz unserer freundlichen Revolution beschmutzt. Wehren wir uns, damit wir die Sympathien der Welt, die wir so schnell gewonnen haben, nicht genauso schnell dadurch verlieren, daß wir uns im Dickicht der Machtkämpfe verfangen. Lassen wir nicht zu, daß unter dem erhabenen Gewand des Sehnens, den allgemeinen Angelegenheiten zu dienen, wieder nur das Sehnen aufblüht, daß jeder sich selbst dient. Jetzt geht es wirklich nicht darum, welche Partei, welcher Klub oder welche Gruppe in den Wahlen siegt. Jetzt geht es darum, daß – ohne Rücksicht auf ihr Parteibuch – die sittlich, bürgerlich, politisch und fachlich Besten von uns in ihnen siegen. Die zukünftige Politik und das Prestige unseres Staates

242

wird davon abhängen, welche Persönlichkeiten wir uns aussuchen und schließlich in unsere Vertretungsversammlungen wählen werden.

Liebe Mitbürger!

Vor drei Tagen bin ich durch Ihren Willen, ausgedrückt von den Abgeordneten der Föderalversammlung, zum Präsidenten dieser Republik geworden. Sie erwarten also mit Recht, daß ich etwas über die Aufgaben sage, die ich als Ihr Präsident vor mir sehe.

Die erste ist es, all meine Kompetenzen und meinen Einfluß dazu zu nutzen, daß wir bald und würdig alle in freien Wahlen vor die Wahlurne treten und daß unser Weg zu diesem historischen Meilenstein anständig und friedvoll verläuft.

Meine zweite Aufgabe ist es, darüber zu wachen, daß wir an diese Wahlen als zwei souveräne Völker herangehen, die gegenseitig ihre Interessen, die nationale Eigenart, die religiösen Traditionen und ihre Symbole achten. Als Tscheche im Amt des Präsidenten, der seinen Eid in die Hand eines bedeutenden und ihm nahestehenden Slowaken leistete, fühle ich nach den verschiedenen bitteren Erfahrungen, die die Slowaken in der Vergangenheit gemacht haben, die besondere Pflicht darüber zu wachen, daß alle Interessen des slowakischen Volkes respektiert werden und daß ihnen in der Zukunft der Zugang zu keiner staatlichen Funktion einschließlich der höchsten verschlossen bleibt.

Als meine dritte Aufgabe sehe ich die Unterstützung all dessen an, was zu einer besseren Stellung der Kinder, alten Leute, Frauen, Kranken, Schwerarbeiter, Angehöriger nationaler Minderheiten und überhaupt aller Bürger, die aus irgendwelchen Gründen schlechter dran sind als andere, führt. Bessere Lebensmittel oder Krankenhäuser dürfen nicht mehr das Vorrecht der Mächtigen sein, sondern müssen denjenigen angeboten werden, die sie am nötigsten brauchen.

Als Oberbefehlshaber der Streitkräfte will ich der Garant dafür sein, daß die Verteidigungsfähigkeit unseres Staates niemandem als Vorwand dazu dienen kann, wagemutige Friedensinitiativen zunichte zu machen, einschließlich der Kürzung des Wehrdienstes, der Einrichtung eines Ersatzdienstes und der gesamten Humanisierung des militärischen Lebens.

In unserem Land gibt es viele Gefangene, die sich zwar ernsthaft schuldig gemacht haben und dafür bestraft worden sind, die jedoch – trotz des guten Willens einiger Ermittlungsbeamter, Richter und vor allem Rechtsanwälte – eine niedergegangene Justiz durchmachen mußten, die ihre Rechte kürzte, und die in Gefängnissen leben müssen, die sich nicht bemühen, in ihnen das Bessere zu erwecken, das in jedem Menschen vorhanden ist, sondern im Gegenteil die Menschen erniedrigen und physisch und seelisch zerstören. Mit Rücksicht auf diese Tatsachen habe ich mich entschlossen, eine verhältnismäßig breite Amnestie zu verkünden. Zugleich rufe ich die Gefangenen auf zu verstehen, daß vierzig Jahre schlechter Ermittlungen, Verurteilens und Gefangennehmens nicht von einem Tag auf den anderen beseitigt werden können und daß sie begreifen, daß alle beschleunigt vorbereiteten Veränderungen doch eine gewisse Zeit erfordern. Mit Aufständen helfen sie weder dieser Gesellschaft noch sich selbst. Die Öffentlichkeit fordere ich dann auf, sich vor den entlassenen Gefangenen nicht zu fürchten, ihnen das Leben nicht schwerzumachen und ihnen im christlichen Geist nach ihrer Rückkehr zu helfen, in sich selbst das zu finden, was den Gefängnissen in ihnen zu finden nicht gelungen ist: die Fähigkeit zur Reue und das Sehnen nach einem ordentlichen Leben.

Meine Ehrenaufgabe ist es, die Autorität unseres Landes in der Welt zu stärken. Lieb wäre es mir, wenn andere Staaten uns dafür achten, daß wir Verständnis zeigen, Toleranz und Liebe zum Frieden. Ich wäre glücklich, wenn noch vor den Wahlen – und sei es nur für einen einzigen Tag – Papst Johannes Paul II. und der Dalai Lama unser Land besuchten. Ich wäre glücklich, wenn sich unsere freundschaftlichen Beziehungen zu allen Nationen verstärkten. Ich wäre glücklich, wenn es uns gelänge, noch vor den Wahlen diplomatische Beziehungen zum Vatikan und zu Israel aufzunehmen. Zum Frieden will ich auch mit meinem morgigen kurzen Besuch unsere beiden miteinander verwandten Nachbarn beitragen, nämlich der Deutschen Demokratischen Republik und der Bundesrepublik Deutschland. Ich werde auch die anderen Nachbarn nicht vergessen – das brüderliche Polen und das uns immer näher kommende Ungarn und Österreich.

Zum Schluß möchte ich gern sagen, daß ich ein Präsident sein möchte, der weniger reden, dafür aber mehr arbeiten wird. Ein Präsident, der nicht nur aus dem Fenster seines Flugzeugs schaut, sondern der – und das hauptsächlich – andauernd unter seinen Mitbürgern gegenwärtig sein und ihnen gut zuhören wird.

Vielleicht werden Sie fragen, von welcher Republik ich träume. Ich antworte Ihnen: von einer selbständigen, freien, demokratischen, wirtschaftlich prosperierenden und zugleich sozial gerechten Republik, kurz gesagt von einer menschlichen Republik, die dem Menschen dient und deshalb die Hoffnung hat, daß der Mensch auch ihr dienen wird. Von einer Republik allseitig gebildeter Menschen, weil ohne sie keines unserer Probleme gelöst werden kann, sei es menschlich, ökonomisch, ökologisch, sozial oder politisch.

Mein bedeutender Vorgänger stellte an den Anfang seiner ersten Rede ein Zitat aus Comenius. Erlauben Sie mir, daß ich meine erste Rede mit einer eigenen Paraphrase desselben Ausspruchs beende:

Deine Regierung, o Volk, ist zu dir zurückgekehrt!

ÜBER DEN AUTOR

Václav Havel wurde am 5. Oktober 1936 in Prag geboren. Seiner «bourgeoisen» Herkunft wegen – sein Vater unterhielt bis zur Verstaatlichung 1948 ein gutgehendes Restaurant in Prag – durfte er zunächst kein Abitur machen. Er war als Taxifahrer und Chemielaborant tätig und besuchte das Abendgymnasium, um 1954 das Abitur abzulegen. Da er weder zum Studium der Kunstgeschichte noch zur Filmhochschule oder zur Theaterfakultät der Akademie der Künste zugelassen wurde, absolvierte Havel von 1955 bis 1957 ein Studium der Automation des Verkehrswesens an der Technischen Hochschule Prag.

In diese Zeit fielen auch seine ersten dramatischen und essayistischen Versuche. Havel gehörte zum Kreis junger Dichter um die Literaturzeitschrift *Tvář*, die 1965 verboten wurde. Ende der fünfziger Jahre leistete er seinen Wehrdienst ab. Danach war er Kulissenschreiber am Prager Theater «ABC», dann arbeitete er im «Theater am Geländer», erst als Bühnenarbeiter, dann als Beleuchter und schließlich als Sekretär, Lektor und ab 1960 als Dramaturg. In diesem Theater wurden auch Havels erste Stücke aufgeführt: 1963 «Gartenfest», 1965 «Die Benachrichtigung» und 1968 «Erschwerte Möglichkeit der Konzentration».

Im Juni 1967 erregte Havel Aufsehen, als er auf dem

IV. Schriftstellerkongreß in Prag die Zensur und den Machtapparat des kommunistischen Regimes kritisierte. Er engagierte sich dann während des «Prager Frühlings» 1968 als Vorsitzender eines «Clubs unabhängiger Schriftsteller». Nach der Intervention sowjetischer Truppen erhielt Havel Aufführungs- und Publikationsverbot im gesamten Ostblock. Er verließ Prag und wurde Hilfsarbeiter in einer Brauerei in Trutnov.

In seinem «Offenen Brief» an Gustáv Husák, den damaligen Staatspräsidenten, rechnete er schonungslos mit dem System der absoluten «Tiefendemoralisierung» ab und machte den totalitären Existenzdruck des Regimes verantwortlich für die Angst, die die Menschen der Heuchelei, der Depression und der Passivität ausliefere. 1977 wurde die Bürgerrechtsgruppe Charta 77 von Havel und anderen gegründet, die unter Berufung auf die Schlußakte der KSZE-Konferenz in Helsinki Menschenrechte und bürgerliche Freiheiten auch in der ČSSR forderte. Havel wurde einer ihrer Wortführer und in dieser Rolle mehr und mehr zum «politischen Gewissen» der Nation.

Von März bis Mai 1977 war er inhaftiert und wurde im Oktober 1977 wegen «versuchter Schädigung der Interessen der Republik im Ausland» zu vierzehn Monaten Gefängnis mit Bewährung verurteilt. Im Dezember 1977 wurde Havel aus seiner Prager Wohnung ausgewiesen und erhielt nach erneuten Aktivitäten als Bürgerrechtler Hausarrest. Dennoch beteiligte er sich auch weiterhin an der Verbreitung der Werke verbotener Schriftsteller und schrieb neue Bühnenstücke, die nur im westlichen Ausland erscheinen und aufgeführt werden konnten.

Am 29. Mai 1979 wurde er – zusammen mit weiteren Bürgerrechtlern erneut – verhaftet und im Oktober desselben Jahres wegen «Gründung einer illegalen Vereinigung

(Komitee für die Verteidigung zu Unrecht Verfolgter) und Aufrechterhaltung von Kontakten zu Emigrantenkreisen» zu viereinhalb Jahren Gefängnis verurteilt. Das Angebot, sein Land zu verlassen, lehnte Havel ab. Daraufhin wurden seine Haftbedingungen verschärft. In dieser Haftzeit entstanden die bewegenden «Briefe an Olga», seine Frau. Im Februar 1983 wurde der erkrankte Havel nach Appellen und Protesten internationaler Organisationen und vieler Schriftsteller in ein ziviles Krankenhaus verlegt. Wenig später wurde der Strafvollzug «aus Gesundheitsgründen» ausgesetzt.

Als Havel am 16. Januar 1989 die Gedenkveranstaltung zum zwanzigsten Todestag des Studenten Jan Pallach mitorganisierte, der sich anläßlich der sowjetischen Intervention während des «Prager Frühlings» selbst verbrannt hatte, wurde er erneut festgenommen und am 21. Februar 1989 zu neun Monaten Haft unter verschärften Bedingungen (für rückfällige Straftäter) verurteilt. Gegen dieses Urteil legten zahlreiche westliche Länder, Organisationen und Gruppen Protest ein. Zum erstenmal erreichten das Regime aber auch Protestschreiben aus sozialistischen Ländern: aus Polen, der UdSSR, der DDR und Ungarn. Auch zahlreiche Künstler und Intellektuelle in der ČSSR selbst protestierten gegen das Urteil. Im März 1989 verkürzte ein Berufungsgericht die Haftstrafe Havels auf acht Monate und hob die «verschärften Bedingungen» auf. Nach Verbüßung der Hälfte seiner Strafe beantragte Havel Haftentlassung, am 17. Mai 1989 entsprach das Gericht seinem Antrag: die vier verbleibenden Monate wurden für achtzehn Monate zur Bewährung ausgesetzt.

Am 15. Oktober 1989 erhielt Havel den Friedenspreis des Deutschen Buchhandels. In der Begründung des Stiftungsrates hieß es, «er habe nie Zweifel daran gelassen, daß er persönlich, selbst unter Verlust seiner Freiheit, für seine Überzeugung einstehe». Von den tschechoslowakischen Behörden erhielt er keinen Paß für die Reise nach Deutschland.

Am 20. November 1989 gründete sich in Prag das Bürgerforum, das eine zentrale Rolle beim Sturz des kommunistischen Regimes spielte. In kurzen Ansprachen auf dem Wenzelsplatz analysierte Václav Havel fast täglich die revolutionäre Umbruchsituation und formulierte die politischen Forderungen des Bürgerforums. Schließlich mußte auch Husák, der sich anfänglich beharrlich geweigert hatte, zurücktreten.

Neuer Staatspräsident der Tschechoslowakei wurde am 29. Dezember 1989 Václav Havel.

ZU DEN TEXTEN

Der Brief an Alexander Dubček wurde kurz vor dem ersten «Jahrestag» des sowjetischen Einmarsches in die Tschechoslowakei geschrieben.

«Politik und Gewissen» wurde anläßlich der Verleihung der Ehrendoktorwürde der Universität Toulouse an Václav Havel am 14. 5. 1984 als Rede gehalten.

«Anatomie einer Zurückhaltung» war bestimmt für den Amsterdamer Friedenskongreß.

«Unser Schicksal ist unteilbar» wurde als Rede aus Anlaß des Festaktes zur Verleihung des niederländischen Erasmus-Preises gehalten.

«Ereignis und Totalität» ist Ladislav Hejdánek zum sechzigsten Geburtstag gewidmet.

«Ein Wort über das Wort» ist Havels Rede anläßlich der Verleihung des Friedenspreises des Deutschen Buchhandels.

Blickpunkt DDR

Michael Heine/Hansjörg Herr/
Andreas Westphal/Ulrich Busch/
Rudolf Mondelaers (Hg.)
«Die Zukunft der DDR-Wirtschaft»
sachbuch 8728

Hubertus Knabe (Hg.)
Aufbruch in eine andere DDR
Reformer und Oppositionelle zur
Zukunft ihres Landes
aktuell 12607

Jonas Maron/Rainer Schedlinski
Innenansichten DDR
Letzte Bilder
sachbuch 8553

Michael Naumann (Hg.)
«Die Geschichte ist offen»
DDR 1990: Hoffnung auf eine
neue Republik
aktuell 12814

Charles Schüddekopf (Hg.)
«Wir sind das Volk!»
Flugschriften, Aufrufe und Texte einer
deutschen Revolution
sachbuch 8741

C 2384/4 a

Blickpunkt DDR

Robert Havemann
Die Stimme des Gewissens
Texte eines Antistalinisten
aktuell essay 12813

Rolf Henrich
Der vormundschaftliche Staat
Vom Versagen des real existierenden
Sozialismus
aktuell essay 12536

Rudolf Herrnstadt
Das Herrnstadt-Dokument
Das Politbüro der SED und die
Geschichte des 17. Juni 1953
Herausgegeben von Nadja Stulz-
Herrnstadt
aktuell 12837

Walter Janka
Schwierigkeiten mit der Wahrheit
aktuell essay 12731

**Der Prozeß gegen Walter Janka
und andere**
Eine Dokumentation
aktuell 12894

aktuell ESSAY

Peter Jürgen Boock
Schwarzes Loch
Im Hochsicherheitstrakt (12505)

Alain Finkielkraut
Die Niederlage des Denkens
(12413)

Wolfgang Huber
Protestantismus und Protest
Zum Verhältnis von Ethik und Politik
(12136)

Ivan Illich
H_2O oder die Wasser des Vergessens
(12131)

Gisela Marx
Eine Zensur findet nicht statt
Vom Anspruch und Elend des
Fernsehjournalismus (12350)

Thomas Meyer
**Fundamentalismus - Aufstand
gegen die Moderne**
Essay (12414)

Herausgegeben von
Ingke Brodersen
Begründet von
Freimut Duve

C 2311/7 a

12249

12384